历史穿越报
乱世枭雄 曹操

彭凡 编著

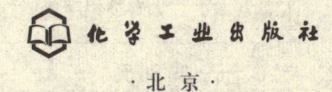

化学工业出版社
·北京·

图书在版编目（CIP）数据

乱世枭雄曹操 / 彭凡编著． -- 北京：化学工业出版社，2025. 1． --（历史穿越报）． --ISBN 978-7-122-46634-1

Ⅰ．K827=342

中国国家版本馆 CIP 数据核字第 2024AS6926 号

LUANSHI XIAOXIONG CAOCAO

乱世枭雄曹操

责任编辑：隋权玲	装帧设计：孙　沁
责任校对：宋　夏	

出版发行：化学工业出版社（北京市东城区青年湖南街 13 号　邮政编码 100011）
印　　装：天津市豪迈印务有限公司
710mm×1000mm　1/16　印张 9½　字数 90 千字　2025 年 6 月北京第 1 版第 1 次印刷

购书咨询：010-64518888　　　　　　　　售后服务：010-64518899
网　　址：http://www.cip.com.cn

凡购买本书，如有缺损质量问题，本社销售中心负责调换。

定　　价：39.80 元　　　　　　　　　　　　版权所有　违者必究

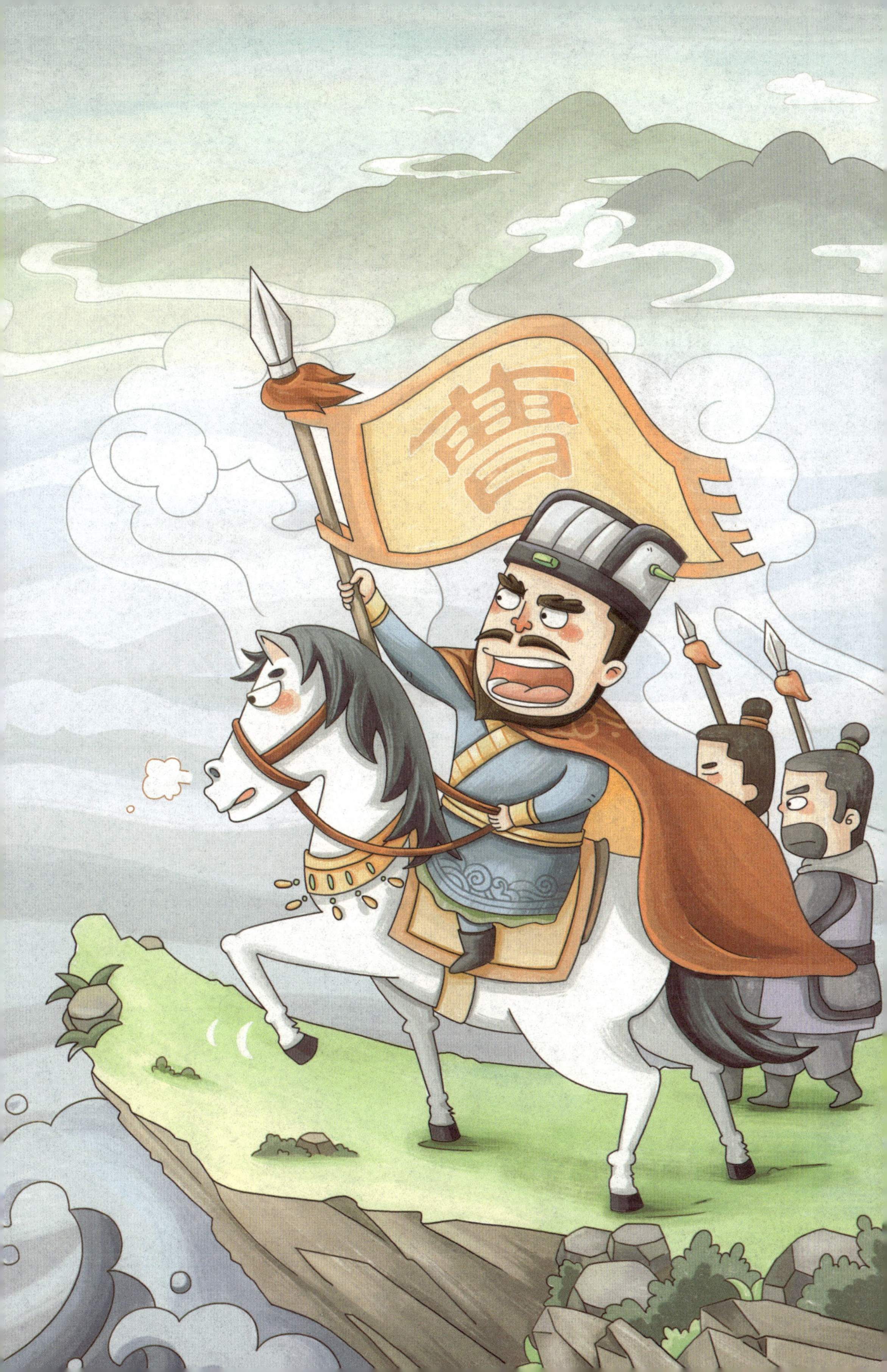
曹

前言

在中国历史上，有这样一群人：他们居于一人之下，万人之上，或高居庙堂，指点江山；或驰骋沙场，大杀四方。

他们是君王治国最得力的助手，是百姓安居最可靠的倚仗。

他们的一举一动，都关系到天下治乱，国家兴亡。

他们是武官的表率，是文官的典范。

他们的无限风光和荣耀，不能不令人产生无尽的好奇和向往。究竟是怎样的人生经历，才成就了那样夺目的辉煌？

他们的风光背后，是否还有不为人所知的辛酸和坎坷？

机关权谋背后，是否也有无奈的叹息？

铮铮铁骨之后，是否也有儿女柔情？

为了搞清楚这些问题，我们的穿越报团队再次出发，穿越到历史的各个时空，实时记录这些大人物传奇的一生。

历经九死一生后，我们终于带回了成果，就是这套"历史穿越报"。这套书分别记录了商鞅、项羽、卫青、曹操、诸葛亮、狄仁杰、苏轼、岳飞、戚继光、曾国藩等名臣的成长历程。

每个分册分为12期内容，每期都有五花八门、精彩纷呈的栏目。

"龙虎风云"和"顺风快讯"是主打栏目，用来记录这些大人物一生中的重大事件，见证他们的大起大落，大喜大悲。

"百姓茶馆"是我们搜集到的当时百姓的言论，各种小道消息，八卦趣闻，应有尽有。

"快马传书"是来信栏目，古人将他们的烦恼和困扰写到信中，寄到编辑部，由最贴心的编辑穿穿为他们出谋划策，排忧解难。

"名人来了"是一个采访栏目，由大嘴记者越越负责。他将直接与大人物对话，挖掘和探索他们的内心世界。

除此以外，还有"绝密档案""智者为王""广告小铺""嘻哈乐园"等精彩栏目。

我们希望读者在看完这套书后，不仅能了解这些大人物跌宕起伏的一生，还能学习到他们非凡的智慧和勇气，并以他们为榜样，立志成为和他们一样卓越的人。

第1期　浪荡小子

- 2　【顺风快讯】新娘子被偷了
- 3　【百姓茶馆】惹不起的俩小偷
- 4　【快马传书】阿瞒"中风"戏叔父
- 5　【龙虎风云】阿瞒无赖得"好评"
- 7　【龙虎风云】"五色大棒"赢威名
- 9　【名人来了】特约嘉宾：曹嵩
- 11　【广告小铺】鸿都门学招生启事　抓刺客啦　招议郎一名

第2期　初露锋芒

- 13　【顺风快讯】黄巾起义，曹操立功
- 14　【百姓茶馆】这个国相不好惹
- 15　【龙虎风云】曹操强拆，百姓拍手叫好
- 16　【快马传书】有人劝我造反
- 18　【名人来了】特约嘉宾：汉灵帝刘宏
- 20　【广告小铺】将刺史改成州牧　关于组建新军的通告

第3期　陈留起兵

22	【顺风快讯】	流血的皇宫
24	【快马传书】	董贼要封我做官
25	【绝密档案】	曹阿瞒出逃记
26	【百姓茶馆】	是真小人，也是真英雄
27	【龙虎风云】	曹阿瞒首倡义兵
28	【名人来了】	特约嘉宾：曹操
30	【广告小铺】	招兵公告　古董店抛售　皇帝换届公告
31	【智者为王】	第1关

第4期　群英讨董

33	【顺风快讯】	十一路英雄起兵讨董卓
34	【龙虎风云】	众英雄按兵不动，曹操当先锋
37	【快马传书】	他们为什么都不支持我？
38	【百姓茶馆】	都不是东西
39	【龙虎风云】	终于有了自己的地盘
40	【龙虎风云】	曹操收服青州兵
41	【名人来了】	特约嘉宾：袁绍
43	【广告小铺】	闭店三日　寻兰亭藏书　让冀州书

目录

第5期　得失之间

45　【顺风快讯】曹操为父报仇，血洗徐州
46　【百姓茶馆】是复仇还是夺地？
47　【龙虎风云】曹操后院起了火
48　【快马传书】要不要迎奉天子？
49　【龙虎风云】董昭教打皇帝牌
51　【名人来了】特约嘉宾：曹操
53　【广告小铺】告徐州百姓书　告天下万民　屯田公告

第6期　谁是英雄

55　【顺风快讯】张绣叛变，曹操痛失爱将
56　【百姓茶馆】丞相违纪要自杀
57　【龙虎风云】曹刘联手捉吕布
59　【龙虎风云】青梅煮酒论英雄
62　【快马传书】要不要再降？
63　【名人来了】特约嘉宾：刘备
65　【广告小铺】讨逆书　诚购蜂蜜若干　绝交书
66　【智者为王】第2关

第7期　官渡之战

- 68　【顺风快讯】袁绍即将进攻许县
- 69　【龙虎风云】曹操凯旋，袁绍错失良机
- 70　【龙虎风云】曹操连打两场胜仗
- 72　【龙虎风云】许攸献计，孟德火烧乌巢
- 74　【百姓茶馆】曹操想退兵
- 76　【快马传书】张郃反水
- 77　【名人来了】特约嘉宾：袁绍
- 79　【广告小铺】安军告示　销毁公告

第8期　统一北方

- 81　【顺风快讯】兄弟自相残杀，曹操渔翁得利
- 82　【龙虎风云】曹孟德千里征乌桓
- 83　【龙虎风云】公孙康献人头
- 85　【快马传书】没有我，曹操哪有今天？
- 86　【百姓茶馆】一代神医被曹操害死了
- 87　【名人来了】特约嘉宾：曹操
- 89　【广告小铺】招工匠建铜雀台　抑兼并令　恢复丞相制度

第9期　赤壁之战

- 91　【顺风快讯】曹操南征，意在刘备
- 92　【快马传书】孙权为何不回信？
- 94　【龙虎风云】赤壁大战，曹军伤亡惨重
- 96　【百姓茶馆】曹操败走华容道
- 97　【名人来了】特约嘉宾：曹操
- 99　【广告小铺】求贤令　让县自明本志令　处死孔融一家
- 100　【智者为王】第3关

第10期　定关西收汉中

- 102　【顺风快讯】关西十万将士叛变
- 103　【龙虎风云】曹操巧计定关西
- 105　【龙虎风云】刘皇叔得益州，"多亏"曹丞相
- 106　【快马传书】"得陇"，为何不"望蜀"？
- 107　【龙虎风云】捉刀人才是真英雄
- 108　【百姓茶馆】从魏公到魏王
- 110　【名人来了】特约嘉宾：汉献帝刘协
- 112　【广告小铺】立曹节为皇后　赐曹操特权　将十四州并为九州　封张鲁为镇南将军

第11期　最后的战争

114	【顺风快讯】	该让谁当接班人
115	【百姓茶馆】	说说立太子的那些事儿
116	【龙虎风云】	曹丞相的"鸡肋"
117	【绝密档案】	杨修之死
118	【龙虎风云】	于禁还不如庞德
119	【快马传书】	要不要联合孙权？
120	【龙虎风云】	曹孙联手除关羽
123	【名人来了】	特约嘉宾：曹操
125	【广告小铺】	关于处死魏讽等人的通告　封赏匈奴　用米皮做军粮

第12期　烈士暮年

127	【顺风快讯】	曹操要做周文王
128	【百姓茶馆】	曹操为什么不当皇帝？
129	【绝密档案】	一份平凡的遗嘱
131	【龙虎风云】	贤良淑德的卞夫人
133	【快马传书】	皇帝真的是主动让位吗？
134	【名人来了】	特约嘉宾：魏文帝曹丕
136	【广告小铺】	重修洛阳皇宫　出售"三曹"合集　山阳公看病不收费
137	【智者为王】	第4关

138　智者为王答案

140　曹操生平大事年表

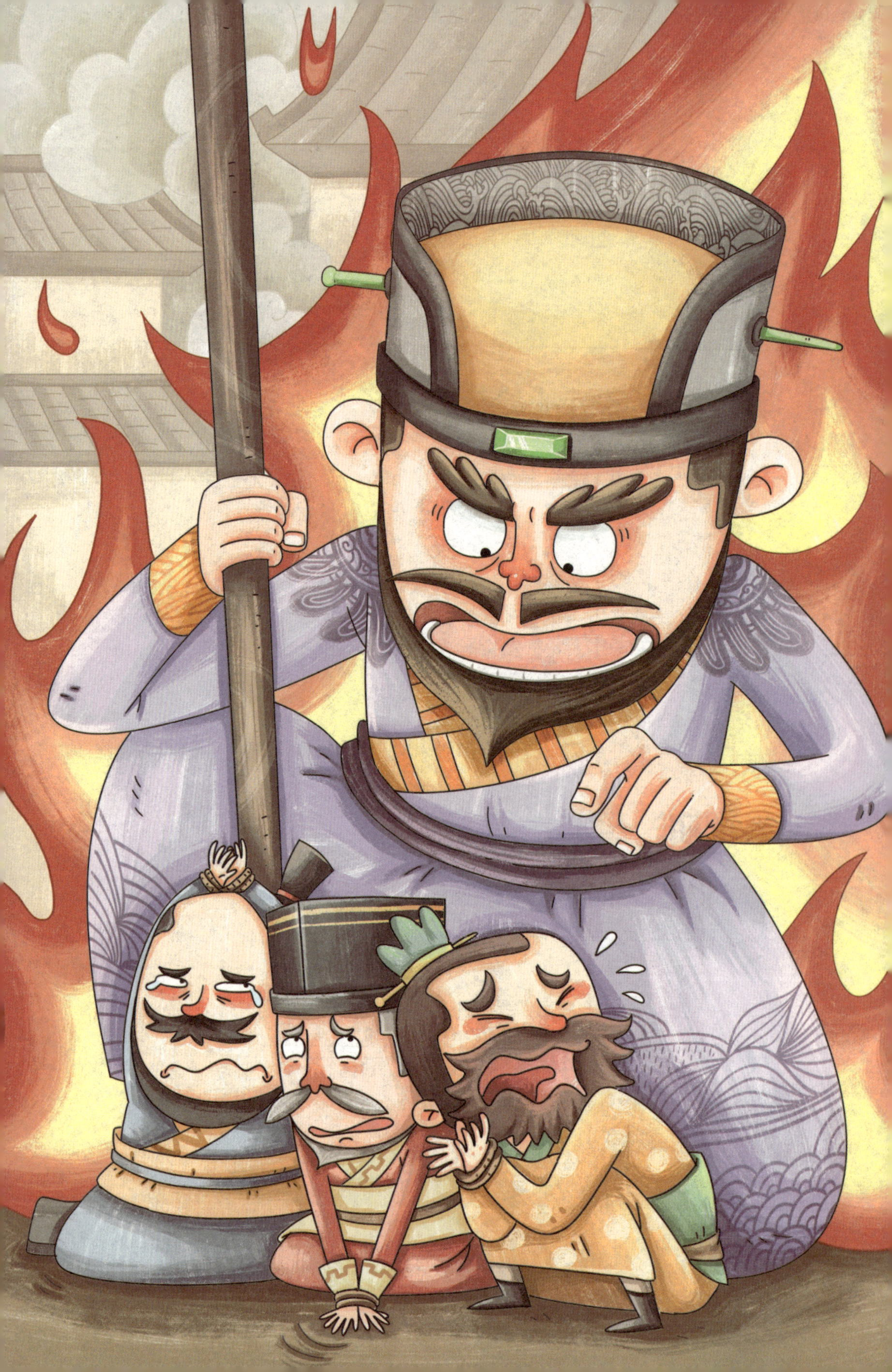

第 1 期

公元155年—公元183年

浪荡小子

穿越必读 CHUANYUE BIDU

　　东汉末年，政治腐败，宦官和外戚争斗不止，民不聊生。少年曹操却在父辈的庇护下，过着飞鹰走狗的生活。不过，这个看似玩世不恭的浪荡公子却有一个理想，那就是做个为国为民的好官。

顺风快讯

新娘子被偷了
—— 来自京都洛阳的快讯

（本报讯）东汉末年，京城洛阳有户人家娶媳妇。到了晚上，众人正喝得高兴，突然听见外面有人大喊："抓小偷啊！"

客人们一听全都跑了出去："在哪里？在哪里？"

殊不知，中了小偷的调虎离山之计。待众人回头一看，洞房里的新娘子被人偷走了！

大伙儿急得四处搜寻，正愁没有头绪之际，突然又听到那人大喊："小偷在这儿，快来抓呀！"

原来，偷新娘的小偷有两个。其中一个仓皇逃遁时，失足掉进了一个深坑里，因为有点胖，吭哧吭哧地怎么也爬不出来。另一个呢，眼瞅着有人要追上来了，就急中生智喊了这么一句。还别说，坑里的那位被这么一吓，急得一蹦三尺高，噌的一声跳出了坑，这才没被大家逮着。

小偷没抓着，新郎官很气愤。奇怪的是，旁边的人却不让他报官，说那两个小偷都是惹不得的主儿。

岂有此理！做了坏事，还不让人追究？咱们倒要看看，这两个人到底是什么来头！

来自京都洛阳的快讯！

百姓茶馆
BAIXING CHAGUAN

惹不起的俩小偷

刘师爷： 你们知道那俩小偷是谁吗？掉到坑里的那位，是鼎鼎有名的袁家大公子——袁绍。这袁家，是出了名的"四世三公"家族，四代人出了五个大官，还是司徒、司空、太尉这种级别的大官！这样的人家，咱们可惹不起啊！

蔡掌柜： 他那个帮凶叫曹操，小名叫阿瞒，来头也不小。据说他的爷爷曹腾（实际是曹操父亲的养父）在宫中当了三十多年的宦官，服侍过四位皇帝（经历五位皇帝），因为立了大功，还被封了侯。他的父亲曹嵩（sōng）不仅位列九卿，还很会赚钱，家里的钱多得一百辆大车都拉不完呢！

李老爷子： 原来是他们呀！这两个公子哥儿泡一块儿，就没什么好事！尤其是那阿瞒，鬼精鬼精的，一肚子坏水。我估计啊，这次"偷"新娘的馊主意就是他出的。要不，袁绍怎么对曹操恨得牙痒痒，疏远了不少呢？

熊掌柜： 你这么说有证据吗？我们阿瞒说了，他堂堂七尺男儿（其实没有七尺），怎么会干这种下三烂的事呢！

快马传书
KUAIMA CHUAN SHU

阿瞒"中风"戏叔父

编辑老师：

　　您好。我是阿瞒的叔父。说起我那侄子我就生气，由于我哥忙于朝务，没时间管他，这小子成天和袁绍混在一起，没个正形。而且这小子特别会演戏，不管前一分钟闹得多不像话，只要我哥一下朝，他就立刻拿起书本，做出一副认真读书的模样。什么偷新娘啊、玩蛇啊这些"辉煌事迹"，我哥压根就不知道。

　　为了给我哥分忧，我是为这个小子操碎了心。可不知怎的，以前我哥听了我的话，还时不时揍那小子一顿。现在我说什么他都不听了，还用怀疑的眼神看着我，好像我在诬陷他儿子似的。你说，是不是阿瞒又在背后搞鬼，搞得我哥都不相信我了？

曹大叔

曹大叔：

　　您好！您还记得阿瞒"中风"那件事吧？当时您在街上闲逛，正好遇到了他，还来不及训他呢，他就"哎哟"一声倒在地上，浑身剧烈抽搐，歪脖子歪嘴的，连口水都流出来了，跟中风似的，吓得您赶紧跑回去告诉他爹。

　　其实呀，他那次也是"演戏"。他讨厌您总跟他爹打小报告，就想了这么一招来"治"您。而他爹跑来一看，咦，阿瞒活蹦乱跳的呀，什么事都没有！这时阿瞒就趁机告了您一状，说您对他有意见，才老是说他坏话。您说，有这样的事实摆在眼前，他爹是相信您，还是相信他呢？

　　不过，阿瞒虽然顽劣，爱读书却是真的。他最喜欢的是《孙子兵法》，还给这书做了不少注解。将来您家的门楣要光大，还要靠他呢！

阿瞒无赖得"好评"

大家知道,汉朝通过察举制选拔官员。没有地方长官的考察、举荐,即使再有才能的人,也做不了官。袁绍因为有后台,早早就上任当官去了。

曹操不想拼爹,却又名声欠佳,只好去找一个叫桥玄的名士,改善一下自己的风评。

那桥玄见了曹操,两眼立刻放光:"小伙子啊,将来天下大乱,能安邦定国的人,就是你了!"末了,桥玄还担心自己的评价分量不够,建议他去找许劭(shào)。

许劭出身名门,是个有名的人物评论家,眼光毒辣,凡是得到他好评的人,不论是谁,立马会身价倍增,名声大振。

曹操这人一向不拘小节,找到许劭,就大大咧咧地问:"你看我这个人怎么样啊?"

许劭见他一副无赖相,不愿搭理他。

曹操以为许劭看不起他的出身,气得头上直冒烟——好啊,你不说我偏要你说!

眼看曹操就要动粗,许劭只好开了金口:"阁下是'治世之能臣,乱世之奸雄'。"意思是,曹操在太平盛世,能做个有作为的大臣,在乱世就是个野心家,大奸雄。

这种评价听起来可不太妙,要是换作一般人,早就气坏了,可曹操听了,却哈哈大笑两声,扬长而去。

嘻哈乐园
XIHA LEYUAN

"五色大棒"赢威名

得了许劭的"好评",曹操心想事成,二十岁就被乡里举荐为孝廉。一个人被举为孝廉,就证明这人既孝顺又廉洁,可以做官啦!

所谓"朝中有人好做官",曹操先是得到了一份在皇帝身边当侍卫的美差,不久又经人举荐,当上了洛阳北部尉(相当于现在首都北京的区级公安分局局长),负责维护洛阳北部地区的治安。

谁都知道,洛阳是天子居住的地方。住在这里的,不是皇亲贵族,就是达官贵人,随便拉个人,都比曹操的官大。也就是这些人,仗着手上有几分权力,和流氓地痞沆瀣(hàngxiè)一气,把洛阳搞得乱七八糟。以往的北部尉怕惹麻烦,都是睁一只眼闭一只眼,由他们去。

但曹操却不,他刚到任就叫人做了一些涂有青、赤、黄、白、黑五种颜色的大棒,立在门前警告大家:"要是有人犯了法,无论是谁,一律大棒伺候!"

哎呀,这是哪里来的愣头小子,活得不耐烦了吧?有些人见了不以为意,依旧我行我素。

汉朝有个宵禁制度,到了晚上百姓必须待在家里,不得出行,违者严惩不贷。可有人偏偏不信邪,半夜三更还在街上闲逛,被曹操给逮住了。岂有此理!曹操气得七窍生烟,立刻让人用五色大棒将他揍了一顿,谁知这人身子骨太弱,没揍两下就咽了气。

龙虎风云
LONG HU FENGYUN

这下曹操可摊上大事了！为何？因为被打死的这个人，是当今皇帝身边的大红人——宦官蹇（jiǎn）硕的叔叔！你一个小小的北部尉得罪了这么个大人物，能有好果子吃吗？

就在大家为曹操捏了一把汗的时候，宫中传出一个消息：那蹇硕虽然对曹操恨得牙痒痒，却又不敢马上拿他怎么样，毕竟曹操是依法办事，又是有后台的人，哈哈！

从此以后，曹操威名远扬，再也没有人敢在洛阳作威作福啦！

棒下留情！

天王老子来了也不行！

名人来了

越越（简称越）大嘴记者

曹嵩（简称嵩）特约嘉宾

嘉宾简介：曹操之父，字巨高，曾做过大鸿胪、大司农，掌管过国家礼仪、财政，家财万贯。他起先不太喜欢儿子曹操的所作所为。曹操将蹇硕之叔棒杀后，他对儿子刮目相看，从此对儿子倾力相助。

越：大人，您好。听说您最近想买个太尉当当？

嵩：（神态自若）嗯，朝廷卖官我买官，我这也算是支持朝廷的工作。

越：听说这官不便宜啊，好像要一个亿吧？

嵩：没事！这点钱不算什么，我就想过把"三公"的瘾。

越：可您哪来这么多钱啊？

嵩：当官不为己挣钱，不如回家去种田。明白？

越：不是您那封了侯的宦官爹给您的？

嵩：（正色）小记者可别乱说，我爹爹可是个老实人。

越：看来您跟您爹不一样啊！

嵩：能一样吗？我只是他的养子，又不是他亲生的！

越：啊？

嵩：啊什么，宦官又不能生孩子。没错，我本来姓夏侯，被送到曹家做养子，才改姓曹。不过虽说是抱养的，但养父对我还是很不错的。

越：那阿瞒总是您亲生的吧？

嵩：那是当然了。

越：怪不得你们父子和您爹不一样，原来基因不一样啊！

9

名人来了

嵩：什么意思？你是说我不老实（怒）？

越：啊，我不是说您，是说（转念一想）——阿瞒，对，阿瞒！

嵩：（一下愁眉紧锁）阿瞒这小子确实不老实，可我实在太忙，没时间管他呀！

越：您忙啥？忙着捞钱吧！（笑）

嵩：（生气）笑什么！金钱不是万能的，可没有金钱是万万不能的！我要没钱，这死小子这些年惹了那么多麻烦，得罪那么多人，谁给他擦屁股！要不是我，他早就不知死多少回了！

越：别生气，别生气，如今您这儿子也算有出息，钱没白花！

嵩：（转怒为喜）可不，死小子现在还真有两把刷子，尤其是脑子灵泛，像我，哈哈！

越：有一点我比较好奇，您为何给他取名叫"操"呢？不好听啊！

嵩：你懂什么！这个"操"字有两层含义：第一，有"操守"之义，我希望他是一个有德行的人；第二，有"掌权"之义，我希望他以后能做个大官，为老百姓造福。

越：那他的小名"阿瞒"又是什么意思呢？

嵩：唉，我亲生父亲那边后继无人，阿瞒出生后，曹家担心他们会把我儿子要回去，就瞒着他们，把我儿子藏了起来。时间久了，"阿瞒"就成了他的小名。

越：原来如此。嘻嘻，太好了，我又得到一条八卦新闻。

嵩：别成天八卦，写点正经消息不行吗？

越：（吐舌）难道写皇帝和十常侍那些宦官的事儿？

嵩：咳咳，那你还是写八卦吧！

广告小铺

鸿都门学招生启事

鸿都门学是由皇帝陛下（指汉灵帝）亲自批准设立的高等专科学堂，以学习文学、艺术为主。如果你爱好辞赋、书法、绘画、小说等，无论门第高低，均可到本学堂来学习。

学生毕业后，可直接分配到地方或中央当官，特别优秀的，还可以封侯赐爵。还等什么呢？快来报名吧！

鸿都门学招生处

抓刺客啦

昨晚，我朝宦官集团的老大——张让大人家中闯入一名刺客（即曹操），虽行刺未遂，却给大人造成了严重的心灵伤害。

经查，该刺客年纪不大，身材矮小，但由于天色太晚，没人看清其长相。如有发现刺客线索的，请速与我府联系。

张府

招议郎一名

因工作需要，朝廷现在想招一个精通《尚书》《毛诗》《左传》《谷梁传》的人，担任议郎。

有哪位官家子弟精通古代文学，就赶紧推荐给朝廷吧！

大汉朝廷

第 2 期
公元184年—公元189年

初露锋芒

曹操卷

穿越必读 CHUANYUE BIDU

因为镇压黄巾军有功，曹操从一介议郎荣升为高官。他不畏强暴，执法严明，在官场树立了一个有魅力、有才干的好形象。然而，这时的东汉王朝已经烂到了骨子里，不可救药……

顺风快讯
SHUNFENG KUAIXUN

黄巾起义，曹操立功
——来自京都洛阳的快讯

（本报讯）中平元年（184年）二月，河北巨鹿传来一个惊人的消息——一个叫张角的河北农民，带着他的两个弟弟，煽动几十万农民造反了！

他们头裹黄巾（史称黄巾军），高呼"苍天已死，黄天当立"的口号，一路气势如虹，抢占了很多地盘。朝廷应付不来，一面令各地自行招兵买马，讨贼立功；一面派了两路人马前去镇压，但这两路人马都被打败了。

情急之下，汉灵帝突然想起曹操：这小子不是挺能耐的吗？于是任命他为骑都尉，领一支兵马前去支援。

曹操也不负所望，很快和那两路人马合兵一处，斩了上万颗脑袋，立了一大功。

黄巾军虽然人数众多，却缺乏战斗经验，后来首领张角又病死了，黄巾军没了主心骨，在苦苦支撑了九个月后，就被镇压下去了。

令人想不到的是，地方豪强和军阀却趁此机会，纷纷壮大自己的实力，称霸一方，再也不把朝廷放在眼里了。

来自京都洛阳的快讯！

百姓茶馆
BAIXING CHAGUAN

这个国相不好惹

钱侍卫： 哇，这个曹操因为立了功，一下从议郎升为我济南国（汉代诸侯国，治所在今山东济南）的国相（朝廷派到封国管理政事的官员，和郡太守一样，是地方的一把手），可真不简单呀！真心希望他的到来，能给济南国带来一些新气象！

农夫王七： 我对这个新来的国相倒没什么期望。你看看我们济南国管辖的那些县，那些县令、县长哪个不是仗着有朝廷的官员、宦官撑腰，贪赃枉法，鱼肉百姓，无恶不作！之前的国相都是睁着眼睛装瞎子，等着任期满就溜之大吉，我看这个曹操也不例外！

孙大娘： 你别瞎说，这个曹操可不一样，他的眼里可容不下这种贪官污吏。听说他一上任，就摆出了当年做洛阳北部尉的威风，大笔一挥，不管你是谁家的七舅姥爷还是八姨表舅，一口气罢免了八个官员！

教书先生孙某： 可不是，这个国相可不好惹。现在那些当官的都被吓坏了，一个个变得规规矩矩，生怕这个阎王整到自己头上！那些地痞流氓没有了保护伞，逃得比兔子还快呢！

龙虎风云

曹操强拆，百姓拍手叫好

济南国的治安整肃一新后，曹操又发现一个新的问题——小小的济南，居然有六百多处祠堂，几乎走不了多远就有一处，大大超过了国家允许的范围。

原来，济南当地有个风气，喜欢修祠堂祭祀祖先，求祖宗保佑自己升官发财、阖家平安，要是祖宗是个什么名人，还能抬高自己的地位。这本来不是什么坏事，谁家还没个祖宗呢？纪念一下也是人之常情。可这祭祀搞着搞着，就变了味儿。

一些有钱人为了讲排场，坐着大官才能坐的车，穿着大官才能穿的衣服，一屋子吹吹打打、唱唱跳跳的，把好好的祭祀搞得乌烟瘴气。

还有一些人借官府的名义，举办各种各样的祭祀大会，搜刮老百姓的钱财。老百姓省吃俭用，结果那些钱财却像流水一样哗啦啦地流到了那些人手里，大家都一肚子怨言。

曹操知道后，立刻下令，除了家中供奉祖宗的祠堂外，其他不正规的祠堂统统拆掉！谁要是再搞这种祭祀活动，装神弄鬼，一律严惩不贷！

禁令一出，老百姓都纷纷拍手叫好。只有那些被断了财路的人对曹操恨得咬牙切齿，却又无可奈何——唉，谁让人家曹操本事大，又有个有本事的爹呢！

快马传书

有人劝我造反

编辑老师：

　　你好。前几年朝廷听信他人谗言，让我去做什么东郡太守，我一口拒绝了。哼，既然朝廷不需要我这样的"能臣"，我还不如在家读读书、搞搞锻炼得了！

　　不过，最近冀州刺史王芬给我来信，说国家将发生巨变，劝我和他一起造反，把当今皇帝给废掉，改立合肥侯为帝。

　　我认为，这废立帝王，是天下最不吉利也最危险的事情。当年霍光对皇帝想废就废，想立就立，靠的是他自己的地位，还有太后的支持，以及众大臣的同心协力，所以能够成功。王芬他们要地位没地位，要支持没支持，这么做不是找死吗？所以，这件事我肯定不会掺和。但这种谋逆之事该不该告诉皇上呢？

曹操

曹大人：

　　您好。您说得对，王芬拥有的只有一个冀州，那合肥侯也没有什么过人之处，光凭着一股冲动，是成不了大事的。

　　不过，您也没有必要告发他们。毕竟人家是觉得您有正义感，有能力，才想拉您入伙。一旦您告发他们，除了落个"愚忠"的名声，以当今皇上这个德行，您能得到什么呢？而且现在想造反的，不止王芬一个，不如静观其变吧！

编辑　穿穿

如曹操所料，后来王芬果然阴谋败露，在恐惧中自杀。

嘻哈乐园

XIHA LEYUAN

公平交易 童叟无欺

要买官的这边来！

汉灵帝

再也不用担心没有钱花啦！

名人来了

越越（简称越）大嘴记者

汉灵帝刘宏（简称宏）特约嘉宾

嘉宾简介：东汉第十二位皇帝，也被称为东汉史上最糟糕的皇帝。在他的统治下，外戚擅权，宦官专政，贪官们拼命捞钱，权贵们拼命抓权，老百姓苦不堪言，东汉王朝陷入了前所未有的危机之中。

越：皇上……

宏：小子，是来买官的吗？想买什么官？

越：（傻眼）您一个做皇帝的，怎么亲自卖起官来了？这样不太好吧？

宏：没办法，朕现在手上最值钱的就是这些官帽了！

越：您有这么缺钱吗？

宏：唉，朕当这个皇帝之前，国家就已经穷得叮当响了！早知这个皇帝这么穷，朕就不当了！

越：这皇帝，还有人逼您当不成？

宏：小记者有所不知。朕当皇帝那会儿才十二岁，什么都不懂，稀里糊涂就被窦太后和她的父亲大将军窦武给利用了。要不是有宦官们帮朕扳倒了他们，这江山啊，早就落在外戚手里了！

越：这宦官可没几个好东西！尤其是您身边的"十常侍"，这二十年来无恶不作，杀了不少读书人啊（史称"党锢之祸"）。

宏：没办法，现在整个朝廷只有他们跟朕一条心，对朕好！朕也没别的想法，只要吃好喝好，把太子安排好，

名人来了

就万事大吉啦!

越:那您打算立谁为太子呢?
宏:自古立嫡立长,按理应该立皇后的儿子。可辩儿行为轻佻,不适合做皇帝,所以,朕想立王美人的儿子协儿。

越:那何皇后的哥哥何进大将军肯定不会答应的!
宏:所以,我把蹇硕提拔上来了,让他支持协儿。

越:那您不怕外戚和宦官闹不和,祸乱朝廷吗?
宏:那你说怎么办?

越:皇上对曹操的印象怎么样?
宏:小伙子能干倒是挺能干的,就是有点缺心眼。

越:怎么缺心眼了?
宏:你不知道,他当议郎的时候,成天给朕上书,说朝廷奸人当道,把真正的贤臣给堵在外边了,还替窦武喊冤,你说好不好笑?!

越:他也没想到幕后的大老板是您啊!
宏:所以朕也没有怪他,表扬了他几句,就没搭理他了。

越:其实这样的人才,皇上若能好好任用,必有大用处!
宏:要不是看他有能耐,朕能派他去镇压黄巾军叛乱吗?唉,说起黄巾军就头疼,他们可把朕害惨了!

越:怎么了?
宏:当年我病急乱投医,允许各州各郡自己招兵买马,各地太守、刺史及豪强趁机扩大自己的势力,到如今连朝廷都不放在眼里了!

越:那朝廷还不赶紧把曹操这些人才用起来?
宏:朕现在不是已经将曹操升为典军校尉了吗?

越:我的意思是,这个官可以再大一点!
宏:哈哈,好说,好说,来,先拿点钱来吧!

越:啊……

19

广告小铺

将刺史改成州牧

为安定天下,朕决定选一批朝中重臣、宗室去地方做官。原刺史一职,主要是负责监察各郡、各县的工作,没有什么权力,现改称"州牧",负责治理百姓,领兵打仗,权力高于郡守。

希望各位新任的州牧好好地帮朕管理各地,不要辜负朕的期望啊!

刘宏

关于组建新军的通告

为进一步加强皇宫的安全管理工作,现决定在西园组建一支新军,分为八部分,由八大校尉统领,一旦京城发生动乱,可以就近保护皇帝。

现公布名单如下:

小黄门蹇硕为上军校尉;

虎贲中郎将袁绍为中军校尉;

屯骑校尉鲍鸿为下军校尉;

议郎曹操为典军校尉;

……

所有校尉包括大将军何进都须听从蹇硕的命令,违者必究!

西园新军组建处

第 3 期
公元189年—公元190年

陈留起兵

曹操篇

穿越必读 CHUANYUE BIDU

　　汉灵帝死后，外戚和宦官的斗争达到顶峰，皇宫掀起一场血雨腥风。西北军阀董卓趁机捡漏，成为东汉王朝的实际掌权人，天下从此大乱。曹操不愿与他为伍，隐姓埋名离开洛阳，在陈留起兵，拉开了他一代霸业的序幕。

顺风快讯
SHUNFENG KUAIXUN

流血的皇宫
—— 来自京都洛阳的快讯

（本报讯）中平六年（189年），洛阳城乱得一塌糊涂，乱到什么地步呢？

原来，汉灵帝病死后，大将军何进支持刘辩做了皇帝（史称汉少帝），并掌握了朝中大权，没等蹇硕动手，何进先把他杀了。

袁绍劝何进趁这个机会，一不做二不休，把宦官们统统灭了。可何太后不答应。

袁绍就给何进出了个主意，让并州牧董卓带兵进京帮忙，吓唬一下太后。

谁知，这事被十常侍知道了。十常侍倒先下手为强，借太后的名义，把何进召进宫中砍了头。

袁绍听说国舅遇了难，便和他的兄弟袁术一起带兵冲进皇宫，杀了许多宦官。有些人本来不是宦官，可因为没长胡子，也被当作宦官杀掉了。就这样，尊贵的皇宫一下血流成河，死了两千多人。

百姓惶恐不安，不敢出门，整天躲在家里，希望董卓的西凉军快快到来，赶紧控制局势。

来自京都洛阳的快讯！

何进
蹇硕
哈哈，干掉蹇硕，朝廷就是我的了！
哈哈，干掉何进，朝廷就是我们的了！
袁绍
哈哈，干掉你们，朝廷就是我的了！
董卓
哈哈，谢谢各位给我开路！

董贼要封我做官

编辑老师：

　　你好。最近洛阳的事想必你已经知道了。那董卓老贼趁乱带兵进入洛阳，掌握了朝中大权。他先是废了刘辩，改立九岁的陈留王刘协当皇帝（史称汉献帝），接着又杀了刘辩、太后和一些朝中官员，最后干脆住进皇宫，享受皇帝才能享有的一切。

　　为了表示自己有治国才能，他还给一些名士封了大官，想拉拢他们。近来他还要封我做什么骁骑校尉，一起共谋大业。

　　哼，这董贼是把我曹某人看扁了！我曹某人怎么可能与这种西北蛮人为伍！要不是他有一支实力强大的西凉军，还有一个武艺天下第一的义子——吕布整天形影不离地保护着他，我早就把他杀了！

　　只是我现在既没有兵马又没有权力，只能在这儿发发牢骚罢了，唉！

曹孟德

曹大人：

　　您好！对于洛阳发生的一切，我深感痛惜。只是现在再怎么感叹、抱怨都无济于事。要么，像朝中某些大人那样，卧薪尝胆，先取得董贼的信任，再想办法灭了他。要么，像你的好哥们袁绍那样，逃离董贼的魔掌，积蓄力量，准备反攻。

　　无论是哪一种方式，重要的是要有能够对抗董贼的力量，单凭一己之力，是无法力挽全局的。您不如先去别处招兵买马，有了人马，再作打算也不迟。祝您好运！

编辑 穿穿

绝密档案

曹阿瞒出逃记

曹操拒绝董卓后,怕董卓找麻烦,便带着几个亲信换了便服,抄小路悄悄地跑了。董卓气得不行,急忙下令捉拿。

曹操等人白天休息,晚上赶路,跑到中牟(今河南中牟)时,被当地巡夜的士兵捉住,送到衙门。但不管县令怎么审问,曹操都一口咬定自己只是个商人。

衙门有个功曹见过曹操,钦佩他的为人,就对县令说:"现在天下大乱,咱可不要一不小心得罪了哪个英雄啊!"县令一寻思,就把曹操给放了。

曹操等人一路逃窜,来到成皋(gāo)(位于今河南荥阳市)。成皋有个人叫吕伯奢,是曹操父亲曹嵩的朋友。

当时天色已晚,曹操就带亲信们去吕家借宿。吕伯奢不在家,他的五个儿子热情地接待了他们。

到了半夜,曹操迷迷糊糊醒来,听到一阵磨刀的声音,不禁起了疑心——糟糕,我与他们非亲非故,莫不是他们要杀了我,去董卓那里领赏?

再细细一听,又有人说:"先绑起来再杀吧?"

曹操心想:是了,现在我若不先下手,肯定会死在他们手里!于是,他和亲信拔出刀剑,把吕家一家八口全都杀了。

他们搜到厨房,却发现里面绑了一只猪,正嗷嗷直叫。曹操这才恍然大悟,原来人家是想杀头猪来款待自己呢!唉!

小说《三国演义》中描写了曹操误杀吕伯奢全家的故事,《三国志》等正史中并没有记载这一事件。

百姓茶馆
BAIXING CHAGUAN

是真小人，也是真英雄

酒肆孙掌柜： 天啊，曹阿瞒居然杀了父亲朋友一家八口！太可怕了！这以后交朋友要小心啊，千万不要交曹操这样的朋友，哪天脑袋掉了都不知道！

赵书生： 可不，那曹操杀了人，还说什么"宁叫我负天下人，休叫天下人负我"，意思是，宁可他对不起全天下的人，也不能让天下任何人对不起他！杀了人还理直气壮，简直坏到了骨子里！

王大将军： 曹操真这么说了？佩服！这个世界上就是伪君子太多了，要是换作别人，肯定是假惺惺地说什么"宁可天下人负我，不可我负天下人"，可事实上，有几个人做得到呢？看来，这曹操是真小人，也是真英雄！

曹侍卫： 谁说的！他只是说"宁教我负人，不教人负我"，宁可他对不起别人，也不能让别人对不起他！这不很正常吗？他那时走投无路，杀错了人，只能说是防卫过当。可你加上"天下"二字，好像他杀了人还有理似的，那还是英雄？那是奸贼！

曹阿瞒首倡义兵

曹操等人一路狂奔,来到陈留(今河南开封东南)。

陈留太守叫张邈(miǎo),是曹操的发小,听说曹操想向董卓公开叫板,张邈十分佩服,当即表示愿意帮他招兵买马。可是,曹操现在是朝廷的通缉犯,拿什么供养军队呢?

问张邈,张邈两手一摊,没钱。

问曹嵩,曹嵩正准备去琅琊(yá)隐居,身上带的钱不多,好说歹说,才给曹操留了一点。

可这么点钱怎么够用呢?没办法,曹操只好去找当地一个叫卫兹的大富豪。

一番推杯换盏后,卫兹对曹操感慨地说:"要说当今平定天下的最佳人选,我看非大人莫属啊!"

曹操叹了口气说:"可惜,我现在是心有余而钱不足啊!"

卫兹是个聪明人,当即拍着胸脯说:"大人不用焦虑,这事包在我身上!"

卫兹说话算话,第二天就给曹操送来一笔巨款。曹操喜出望外,立刻扯块白布,写上"忠义"二字,正式起兵反对董卓——这还是第一次有人公开向董卓叫板呢!

一个多月后,曹操招募了五千人马(有的还自己带了人马),搭起了人生中的第一个班底。

名人来了
MINGREN LAI LE

越越（简称越）大嘴记者

曹操（简称曹）特约嘉宾

嘉宾简介：字孟德，小名阿瞒、吉利。他自幼饱读诗书，酷爱兵法，梦想做一个治世能臣，报效国家。然而，一场残酷的宫廷动乱，把他从高高在上的朝廷命官，变成了一个四处逃窜的通缉犯。这位"治世能臣"真的会变成"乱世奸雄"吗？

越：曹大人，您在干吗？
曹：（举起一块铁）打铁啊，现在队伍刚拉起来，缺的就是兵器。

越：您……您还亲自打铁？这种小事应该交给铁匠做，您应该去做大事嘛。
曹：不做小事，怎么做大事？人呀，不能眼高手低，小事瞧不上，大事做不来，这样的人是没出息的。

越：嗯，您教训的是！我听说，现在外面传言您已经死了，您的随从们都嚷嚷着要回老家呢！

曹：是有这事，不过有人把他们留住了。

越：哦，谁啊？
曹：就是曹某的小妾卞（biàn）夫人。

越：她怎么说？
曹：她劝他们不要相信传言，要是他们现在走了，万一哪天我回去了，他们就没有脸面再见我了！

越：说得对！没想到您府中还有这样的人才啊！
曹：现在她就是全家的主心骨，家里大大小小的事都是她在

名人来了

操持。有她在，我放心。

越：您有这么好的夫人，又不缺钱用，何必当这出头鸟，过这打打杀杀的日子呢？

曹：如今天下大乱，要是人人都当缩头乌龟，像董贼那样的人不就更猖狂了吗？我曹某岂可为了个人安乐，置天下于不顾！

越：说起来天下大乱，都怪何大将军，为了对付宦官，居然引狼入室！

曹：当初我听到这主意，就笑了。不就几个宦官吗？派个狱吏，把几个作恶的头头杀了就行，何必大费周章找外援？更何况，这些外援不一定听他的！

越：对啊。而且又不是每个宦官都是坏人，全部杀了怎么行？

曹：可是那姓何的脑子进水，不听啊！还笑话我有私心。

越：什么私心？

曹：他说因为我是宦官的孙子，所以才替宦官着想！

越：这何大将军也是，怎么能揭人短处呢！

曹：哼，敢拿我的家世取笑，不得好死！

越：其实，不管是什么家世，只要能为民着想，就是好官。

曹：不是我曹操吹牛。给我一个县，我能管好一个县；给我一个郡，我能管好一个郡……我不仅能做好，还能做到最好。

越：这个我相信，那许劭先生怎么说你来着——"治世之能臣，乱世之……"

曹：无所谓，不管是做能臣，还是做奸雄，我曹操是一定要干出一番大事业的！

越：但这个"奸"字实在不好听，您还是注意点为妙！

曹：哈哈哈，做大事还怕别人指指点点吗？不劳小记者操心，再见了！（大笑而去）

29

广告小铺

招兵公告

　　董卓老贼废天子，杀太后，诛群臣，荼毒百姓，祸乱朝纲，论罪当诛。凡我大汉忠义之人，从十八岁到五十八岁的健康男性，只要能拉得动大弓，拿得起刀剑，都应该响应朝廷号召，对抗董贼，为国效力！
　　欢迎各路英雄前来我处报名，共图大业！

陈留征兵处

古董店抛售

　　最近，洛阳城内人心惶惶，许多人举家连夜搬走，本店铺也打算在月底前关门。由于店铺囤积有货物，不方便带走，现低价抛售。其中包括名人字画、玉石雕刻、前朝古玩，等等，欢迎有需要的朋友前来购买。

城南当铺

皇帝换届公告

　　汉少帝刘辩愚昧不堪大任，陈留王刘协聪明懂事，有帝王之相。从现在起，他就是新的皇帝（即献帝）。以此公告，不服者斩。

董卓

智者为王
ZHIZHE WEI WANG

智者无敌 王者为大

第1关

1. 和曹操一起偷新娘的是谁？
2. 曹操的父亲担任的最高官职是什么？
3. 曹操在多大的时候被举为孝廉？
4. 曹操在洛阳担任的第一个官职是什么，相当于现在什么官职？
5. 汉灵帝在鸿都门建立了一所什么学校？
6. 曹操年轻时，行刺过哪个宦官？
7. 曹操第一次立军功是在什么战争中？
8. 将刺史改成州牧的是哪个皇帝？
9. 东汉时，刺史的职责是什么？
10. "西园八大校尉"中排行第四的是哪个职位？
11. 是谁给何进出主意召董卓入京的？
12. 董卓废掉的是哪一个皇帝？
13. 曹操在逃到哪个地方时，被人抓住了？
14. 被曹操误杀的一家八口是谁的家人？
15. 第一个出钱资助曹操的义士是谁？

31

第4期

公元190年—公元193年

群英讨董

曹操传

穿越必读 CHUANYUE BIDU

　　曹操首倡义兵，天下豪杰纷纷响应。只可惜，这些人各有各的打算，最终未能形成统一的力量。董卓死后，群雄割据的局面逐渐形成。曹操深感报国无门，只好自立门户，凭一己之力担负起重整天下的重担。

顺风快讯
SHUNFENG KUAIXUN

十一路英雄起兵讨董卓
—— 来自河南酸枣的加急快报

（本报讯）一石激起千层浪。曹操的义举得到天下豪杰的响应，各路诸侯纷纷打出旗号，要诛杀董卓，挽救汉室。

初平元年（190年），十八路诸侯的兵马聚集到酸枣（今河南延津县西南），开了一个会。袁绍出身最好，势力最大，声望最高，虽然本人没到场，但他被大家一致推举为盟主。

袁绍也不客气，自封车骑将军，还给其他将领封了官。曹操只有五千人马，势力最弱，暂时投在张邈麾下，被封为"行（代理）奋武将军"。

会上，大伙儿一个个摩拳擦掌，发誓要齐心协力，把董卓老贼千刀万剐！袁绍下令，各路军队从四面八方向洛阳进军。由于这些人的领地大多在函谷关以东，因此被称为"关东军"。

老百姓对他们期待很高，纷纷表示，关东军这么强大，一定能把董卓干掉，恢复汉室的荣光！

来自河南酸枣的加急快报！

龙虎风云
LONG HU FENGYUN

关东军要打过来啦!

众英雄按兵不动,曹操当先锋

就在关东军撸起袖子准备出兵讨伐董卓时,洛阳那边传来一个消息——董卓一把火烧了洛阳,将皇帝和大臣赶去长安,现在洛阳只剩董卓和他的西凉军了。

这可是攻打洛阳的好机会啊!

可偏偏这时,关东军都不愿出兵了。因为大家都想保存自己的实力,不想让别人趁这个机会做大。

这可把曹操急坏了:"我们联盟的宗旨就是举义兵,除暴乱!现在大家已经会合在一起,还在犹豫什么呢?过去董卓身边有皇帝,占有首都重地,手中又握有重兵,要讨伐他确实困难。可现在不同了,他烧皇宫,劫天子,海内震动,不得人心,这是老天爷要灭了他。咱们只要齐心协力跟他打一场,就一定可以获胜,

龙虎风云

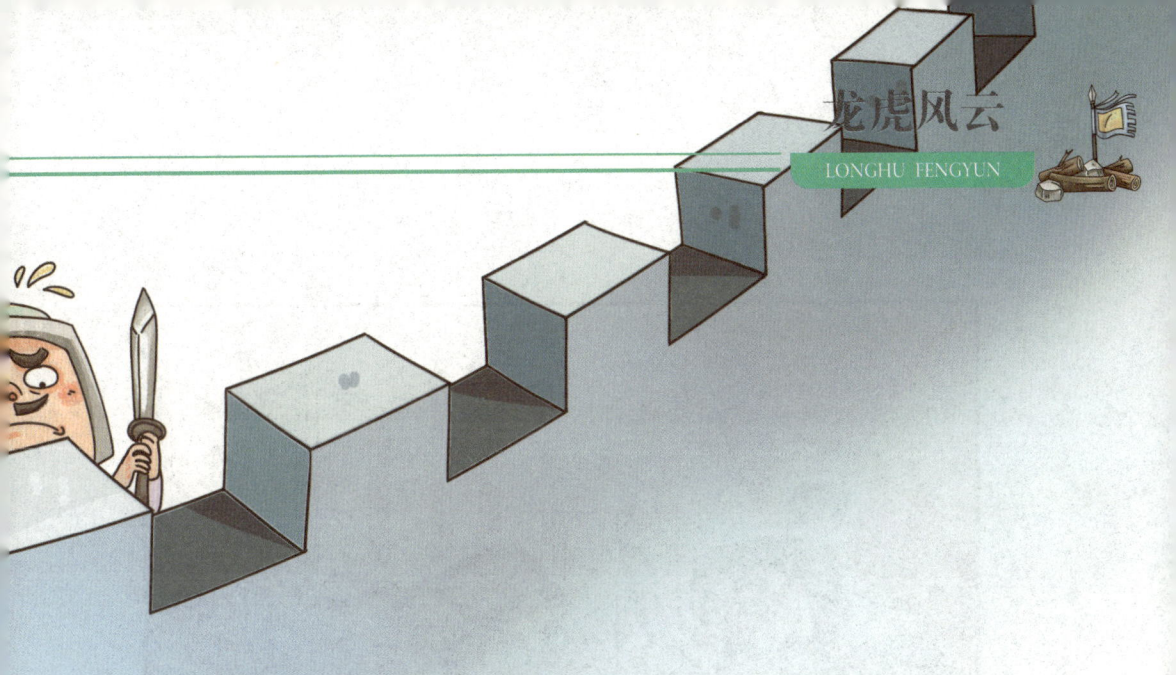

LONGHU FENGYUN

这样的机会怎么能让它白白溜走呢？"

只可惜，曹操把嗓子喊哑了，都没有一个人愿意听他的。在他们眼里，一个只有五千人马的"将军"算哪根葱！

曹操很生气，你们不去是吧，我自己去！于是曹操带着自己的小部队独自去攻打董卓，当队长的，则是为他散尽家财的卫兹。

很快，他们就碰上了董卓派来的西凉军。西凉军人狠话不多，见面就开打。曹操的军队，多半都是新兵蛋子，缺乏作战经验，人又不多，交手没几个回合，就被对方打败了。

混战中，曹操的战马中了一箭，曹操的肩膀也被射伤，曹操一下子摔下马来，情况万分危急。这时，曹洪带兵跑了过来，要把自己的战马让给曹操，曹操说什么也不肯。

曹洪急得大叫："天下可以没有我曹洪，但是不能没有你曹操啊！"曹操这才上马。

回到大本营，曹操的五千人马只剩下几百人，卫兹也在这次战斗中牺牲。而盟军却待在原地按兵不动，不是每天喝酒找乐子，就是吵着要散伙回家，早把讨伐董卓这件事抛到了九霄云外。

曹操气得不行，当即离开酸枣，招了些兵马，去找袁绍了。

嘻哈乐园

快马传书

他们为什么都不支持我？

编辑老师：

　　你好！如今天下大乱，皇上年幼，又在董贼手中，是死是活都不知道。为天下苍生着想，我决定另立一个皇族做皇帝。

　　可曹操和我的兄弟袁术都不同意。曹操还说什么"诸君北向，我自西向"，意思是我拜我的新皇帝，他去长安保护当今皇帝去。而那袁术，反对更是坚决，搞得好像是我要当皇帝似的，没意思得很！

　　你说，这两个家伙，一个是我的好哥们，一个是我的亲兄弟，为啥就一点不支持我的工作呢？

袁绍

袁大将军：

　　您好！我说盟军那帮人在那儿自相残杀，您也不管管，原来是另有打算啊！

　　我的意见跟您好哥们曹操的一样，你们的联军能够得到这么多人响应，是因为你们的行动是正义的。现在天子年纪虽小，却没有什么过错，怎么能说废就废，说立就立呢？董卓废立天子，已经搞得天下鸡犬不宁。如果另立一个皇帝，其他诸侯将领都效仿怎么办？如果你立一个，他立一个，那国家岂不是要四分五裂？

　　至于您的亲兄弟袁术反对您，是因为他胸怀"大志"，想自己当皇帝！您还是赶紧劝劝您的这位兄弟，千万别干这种蠢事！不然，诸位英雄要打的可不是董卓，而是他了哟！

编辑★穿穿
编辑部

百姓茶馆

都不是东西

李掌柜：好消息！好消息——董卓老贼被人杀了！据说杀他的人，正是他那武功高强的干儿子——吕布！不过也有人说，真正的主谋其实是司徒王允，这是怎么回事？

李伙计：这事呢，我知道一点。王允一直想除掉董卓，却总找不到机会，就从吕布身上下手。吕布头脑简单，三杯酒下肚，就把王允当知己，说董贼对自己其实怎么怎么不好。王允听了，就怂恿他杀了董贼。结果，吕布果真趁董卓上朝之际，将他乱刀砍死啦！

刘师爷：话说回来，这吕布也不是个东西！其实他在认董卓为义父之前就有一个义父。他为了讨好董卓，居然把之前那个义父杀了！这样的人，实在太可怕了！

蔡先生：其实王允也好不到哪里去啊！听说他掌权后杀了很多人，包括大名士蔡邕，激起了大家的不满。董卓的旧部趁机杀回长安，把王允杀了。只可怜，我们的皇帝才刚脱离虎口又入了狼窝，唉！

龙虎风云
LONGHU FENGYUN

终于有了自己的地盘

张角的黄巾军虽然被镇压了,但各地还有很多黄巾军的残余势力。其中,青州的黄巾军和冀州的黑山军势力最强。黑山军甚至还攻破过袁绍的大本营——邺(yè)城(今河北临漳县西南一带)。

初平二年(191年)秋天,曹操奉袁绍之命,在东郡打败一支黑山军。袁绍就做了个顺水人情,封他做了东郡太守。

初平三年(192年)夏天,号称百万的青州黄巾军,浩浩荡荡地杀奔兖州。兖州牧不顾手下劝阻,非要亲自带兵出城作战,结果被黄巾军活捉,丢了脑袋。

兖州没有了领头人,各路豪强都对它虎视眈眈。

曹操的手下陈宫是兖州本地人,担心黄巾军危害百姓,便主动请缨,去做兖州人的思想工作,让曹操来保护兖州。

曹操心想,那就去碰碰运气吧,万一成了呢?就答应了。

兖州有个官员叫鲍信,曾经与曹操一起讨伐过董卓,在大家围着袁绍转的时候,只有他认为袁绍是个草包,主动与曹操交好。听说曹操要来,鲍信也出面给曹操说好话。

兖州人被他们一游说,心想,这曹操能打败黑山军,肯定有两把刷子,就把曹操迎进了兖州。

就这样,三十八岁的曹操不费一兵一卒,拥有了自己的第一块地盘。

我的地盘我做主!

曹操收服青州兵

曹操得到兖州后，做的第一件事就是对付青州的黄巾军，却总是打败仗。

一次，曹操带着鲍信等几人，去察看对方驻扎地的地形，却不小心被对方发现。经过一番激烈厮杀后，曹操在鲍信等人的掩护下，仓皇逃走，鲍信却不幸战死了。

曹操怪自己太大意，出了一大笔钱，去寻找鲍信的尸体，却怎么也找不着，只好命工匠用木头刻成鲍信的身体，穿上鲍信的衣服，给鲍信举办了一场隆重的葬礼。

葬礼上，曹操哭得死去活来，将士们也跟着掉眼泪，大家发誓要为鲍信报仇。

之后，将士们士气高涨，把黄巾军打得节节败退。

有意思的是，黄巾军打不过曹操，听到曹操以前当官的一些事迹，竟对他有了些好感，还写信劝他"弃暗投明"。

曹操看了暗暗好笑，他一个吃皇粮的，怎么可能向反贼投降呢？但他也知道，这些老百姓都是被逼得走投无路才起兵造反，于是一面继续向他们进攻，一面派人招降。

黄巾军接连打了几次败仗，士气低落，再加上冬天到了，天气严寒，军中缺衣少粮，只好投降。曹操从中挑选了五六万壮丁，组成了一支新的队伍，唤作"青州兵"。

有了根据地，又有了战斗队，曹操终于在关东站住脚啦！

名人来了

越越（简称越）大嘴记者

袁绍（简称袁）特约嘉宾

> 嘉宾简介：现任渤海太守，也是关东盟军的盟主。他出身名门，却没有躺在父辈的基业上吃老本，而是抓住时机，取得了比先辈更高的成就，是当今英雄心目中当之无愧的"带头大哥"。

越：早就听说盟主是个翩翩佳公子，今日一见，果然名不虚传啊！

袁：（大笑）小记者真会说话，不知是哪位世家的公子呢？

越：小人只是一个普通记者，家里是种田的。

袁：（脸色一变）门卫怎么回事？怎么现在连阿猫阿狗都给放进来了？有什么事快问，待会儿我还有事。

越：（尴尬）冒昧问一句，首倡义兵的是曹操，为何最后是您当选盟主呢？

袁：难道你要让一个宦官的孙子来当这个盟主吗？

越：那您的意思是因为您出身高贵咯？

袁：小记者莫把我看扁了。若论出身，袁术是嫡子，身份比我更高贵，为何大家不推举他呢？

越：这么说，袁将军靠的是自己的实力咯。

袁：（得意扬扬）那是当然，我袁绍可是朋友满天下，美名传四海，就连董贼也怕我三分！

越：既然大家这么相信您，那您

41

名人来了
MINGREN LAI LE

　　赶紧去打董贼啊！
袁：急什么！这种事得好生掂量掂量，万一不成功，可是要掉脑袋的！

越：那您想得怎么样了呢？
袁：我的想法是，万一大事不成，就先找块地盘安顿下来，比如冀州。

越：那冀州不是有主了吗？难道你一个做盟主的，要带头去抢属下的地盘？那其他人不更乱套了？
袁：那也没办法，现在这世道，没地盘以后怎么混啊！

越：那阿瞒的意思呢？
袁：他呀，总是跟我不一样。他说只要有人才，哪里都是自己的地盘！

越：他说得有道理啊。
袁：有道理个鬼！没地盘，人才跟你住茅屋喝西北风？有了地盘，人才这东西，我想要多少就有多少。

越：可人才如果得不到重视，也会流失的。比如，最近您手底下不是有个叫荀彧(yù)的谋士投奔曹操去了吗？
袁：（故作大度）无所谓啦。曹操不也是我的人吗？他给曹操干，也是给我干！

越：他可不是一般人才，听说曹操把他比作是刘邦的丞相张良呢！
袁：岂有此理！那他曹阿瞒岂不就是刘邦？一个宦官的孙子，有什么资格自比帝王？

越：王侯将相，宁有种乎？刘邦不也是无赖出身吗？
袁：哈哈，世上能出几个高祖皇帝？你呀，有机会帮我劝劝阿瞒，别成天整些没用的，好好给我办事！我保证，念在发小的情分上，只要我袁某人有肉吃，一定给他喝口汤！

越：……这，还是您自个跟他说吧。再见！

广告小铺

闭店三日

为了庆祝"大魔鬼"董卓之死,本店决定即日起闭店三日,与大家同乐。如有需要,请三日后光临,感谢惠顾。

李老三茶叶店

寻兰台藏书

在迁往长安的途中,我处不慎丢失大量藏书。这些书大多为国家珍藏,有不少还是孤品,十分珍贵。若有好心人拾到,还请归还到兰台(东汉政府的图书馆),也算是为国家做了一大贡献。归还者,定当重重有赏。

兰台藏书处

让冀州书

冀州是天下的重镇,袁绍是当代的英雄。本人过去是袁氏的属下,深知自己无论是才能还是号召群雄的能力,都比不上袁绍,也没有办法给冀州百姓带来什么好处。为百姓的安宁着想,现决定把冀州托付给袁绍,这样其他的人就不敢来争夺冀州了。

冀州牧 韩馥

第 5 期

公元193年—公元196年

得失之间

穿越必读 CHUANYUE BIDU

曹操实力强大以后，杀名士，屠徐州，失去了一部分人的拥戴与信任。与此同时，他得到了皇帝这张王牌，"奉天子以令不臣"，步入了新的人生阶段。

顺风快讯

曹操为父报仇，血洗徐州
——来自彭城的快讯

（本报讯）曹操在兖州立足后，心里那个美呀，马上派人去琅琊接他的父亲曹嵩老爷子过来养老。

儿子出息了，老爷子也很高兴，很快将自己多年的劳动成果全部打包，满满当当地装了一百大车，出发了。

琅琊属于徐州的管辖地。徐州牧陶谦听说这事，为了拍曹操的马屁，主动派人护送老爷子。

谁知，陶谦的手下见了那一百车的财宝，却起了歹意，不仅将所有财宝一抢而空，还把老爷子及一家老小全都杀害了！

曹操得到消息后，哭得不行，立即带兵杀向徐州。陶谦打不过曹操，只好带兵逃出徐州，躲了起来。

这下徐州的百姓惨了！曹操为了泄愤，居然放纵自己的军队，见人就杀，甚至连百姓家里的鸡鸭猫狗也不放过。成千上万的人被赶到河中淹死，数不清的尸体把徐州的河流堵塞，就连河水都不能流动了！

美丽、宁静的徐州，眨眼间变成了淌血的废墟。那情景，唉，怎一个惨字了得！

来自彭城的快讯！

百姓茶馆
BAIXING CHAGUAN

是复仇还是夺地？

> 这曹操也太狠了！杀人抢劫的是陶谦的手下，关陶谦什么事？关徐州老百姓什么事？宦官的孙子，果然也不是个好东西！

流民李四

> 怎么与陶谦无关了？谋财害命的不是他的手下吗？人不是死在他管辖的地方吗？他不应该负连带责任吗？曹操放纵士兵屠杀百姓是不对，但杀父之仇不共戴天！要是换成我，我连徐州的一只蚂蚁都不会放过！

市场跑腿的小丁

> 现在全国各地混乱不堪，只有徐州太平无事，谷粮满仓。曹操真的只是为父报仇吗？我看，是眼红徐州这块"肥肉"吧！

益州王掌柜

> 此言差矣！曹操刚当上兖州牧，根基不稳，正是争取人心的时候。若不是报仇心切，他又怎会置兖州于不顾，一心攻打徐州呢？若只是为了争夺地盘，他又何必搞这么一场大屠杀呢？难道争夺天下，只是要一块光秃秃的土地吗？

在荆州隐居的名士王某

曹操后院起了火

话说曹操在徐州杀红了眼的时候，一件意想不到的事情发生了——他的手下陈宫和他的好朋友张邈竟然在兖州叛变了！

这两个人为什么要背叛曹操呢？记者经过一番打探得知，这事跟一个叫边让的人有关。

边让是兖州当地的一个名士，很多人都敬佩他。不过他恃才傲物，看不起曹操的出身，经常贬低甚至讽刺曹操。曹操一怒之下，就以"谋反"为由，杀了他全家。

陈宫对此十分不满，认为曹操这是过河拆桥。

而张邈呢，眼睁睁地看着曹操在这么短的时间里，从他的"小弟"变成了他的上级，心里也很不是滋味。再加上他得罪过曹操的"老大"袁绍，生怕曹操哪天会为了讨好袁绍，把自己杀了。

陈宫看出了张邈的心事，就撺掇他说："你这么个大英雄，何必看曹操的脸色呢？不如把吕布迎来，一起干一番大事业！"

张邈听了立刻动了心，于是和陈宫一起背叛了曹操，迎立吕布为兖州牧。周围各县也大部分跟着他们投靠了吕布。

曹操被他们在背后捅了这么一刀，又惊又急又气，只好放下徐州，赶回去对付吕布。

一年后，曹操在袁绍的帮助下夺回兖州。张邈被自己的部下杀害，吕布则带着陈宫逃到徐州去了。

快马传书
KUAIMA CHUAN SHU

要不要迎奉天子？

编辑老师：

　　你好。听说前不久皇帝逃出李傕、郭汜两人的魔爪，回到了洛阳。可惜洛阳的宫殿被董贼一把火烧了，皇帝只能在一个官员的老房子里将就着。其他官员更不用说了，只能搭个草棚，靠挖野菜过日子。唉，堂堂天子过得跟个叫花子似的，各地诸侯却一个个装聋作哑，实在让人看不过眼。

　　谋士毛玠建议我，把皇帝接到身边来，"奉天子以令不臣"（意思是，通过尊奉天子来号令那些不服从朝廷的臣子），这样，以后就可以代表朝廷号令天下诸侯了。荀彧和程昱也表示赞同。

　　可也有很多人说，我们现在要的是人才，是地盘。皇上还只是一个十五岁的孩子，接来没什么用。你说我该怎么办呢？

曹操

阿瞒：

　　您好！其实毛玠他们说得对，现在才是去洛阳向皇帝表忠心的最佳时机，早一步晚一步都不合适！

　　当年晋文公把周襄王护送到王城，结果诸侯响应，终成霸业；汉太祖高皇帝（指刘邦）为义帝披麻戴孝，结果天下归心。

　　现在天子受难，没有吃的，没有穿的，这时候，若有人能出面帮助皇上，会得到很多人的拥护！

　　机会稍纵即逝，这事儿如果你们不做，别人就会做，晚了就来不及了！

编辑 穿穿

　　曹操带人前往洛阳拜见皇帝，给皇帝送去了丰盛的酒菜。可怜的汉献帝没想到在这种时候，还有人恭恭敬敬地对待自己，非常感动，就封赏了曹操和他的部将。

龙虎风云
LONGHU FENGYUN

董昭教打皇帝牌

曹操见了皇帝，算是向前迈出了一大步。但皇帝身边有董承、杨奉等人"保护"着，见一面都难，更别说接走了。

曹操束手无策，只好去找议郎董昭商量。董昭虽然从未见过曹操，却暗地里帮过他几次，还自掏腰包，以曹操的名义往朝廷送礼，曹操这才和朝廷有了来往。

董昭说："将军举义兵，诛暴乱，立下的功劳都比得上春秋五霸了！但留在洛阳对您没什么好处，最好是把皇帝请到许县去。虽然有些大臣会反对，但非常时期，行非常之事，才能有非常之功。具体怎么做，还得将军自己拿主意。"

曹操听了很高兴，因为这正好是他的打算。只是他担心杨奉的军队就在鲁阳，离许县很近，怕他会搞破坏。

董昭说："杨奉这个人有勇无谋，不用担心。将军可以忽悠他说，洛阳没有粮食，想把皇帝暂时接去鲁阳，以杨奉的头脑，绝不会怀疑。到时再把皇帝迁到许县，就方便多了！"

曹操依计而行，果然把皇帝弄到了许县，以许县（后改为许昌县）为都。杨奉发现上当后气急败坏，回头找曹操算账，结果反被打得屁滚尿流，再也没有翻身。有了皇帝这张"王牌"，很多人都跑来投奔曹操。黄河以南的大部分地区纷纷归附，曹操的实力更强了。

王牌在手！
天下您有！

嘻哈乐园

皇上，我来接您去许县。

你真是个大忠臣啊。

哈哈，皇上，现在您一切都要听我的！

到了许县……

曹操你个大骗子！

名人来了

越越（简称越）大嘴记者

曹操（简称曹）特约嘉宾

嘉宾简介：现任司空，行车骑将军。他将天子迎到许县。有人说他是"挟天子以令诸侯"，有人说他是"奉天子以令不臣"，但他并不在乎，因为从此以后，他的人生掀开了新的篇章。

越：大将军，咱们又见面啦！
曹：你小子消息不太灵通啊，大将军之职我已经让给袁绍了！

越：啊，为什么要让给他？
曹：他说没有他袁绍的帮助，就没有我曹操的今天，我怎么能领导他？我不想跟他计较，就让给他了！

越：他可真能给自己脸上贴金。
曹：无所谓。他要当就让他当了，反正实权在我手里。

越：那就好笑了，他要个空架子有什么用？
曹：还有更可笑的呢，他说许县太破，居然要我把皇帝迁到他的邺（yè）城（今河北临漳县西南一带）去。

越：哈，他这是把你当傻子吗？
曹：哈，我就以皇帝的名义把他骂了一通，说皇帝有难的时候，他人多兵多，没见他出兵勤王，现在还有脸见皇帝吗？

越：啊，那他不是被您气坏了？
曹：可不，急得他啊，马上巴巴地写了封信来向皇帝表忠心，再也不敢提迁都的事了。

越：曹公有了皇帝，以后连袁绍都要听您的了。
曹：这小子从小到大，仗着自己出身名门，没把我放在眼

名人来了

里。我早晚要收拾他。

越：为什么不是现在？
曹：因为现在，我有更重要的事要做。

越：什么事？
曹：解决粮食问题啊！现在老百姓都饿得吃草根、树皮了，不解决这个问题，哪来的力气打仗？

越：那您打算怎么解决呢？
曹：这些年因为战争，很多田地都没了主人，可以先把这些田地利用起来。

越：怎么利用？
曹：先把这些田地收归地方政府，一部分交给军队耕种（即军屯），一部分交给农民耕种（即民屯），收取五到六成的地租。

越：五六成？暴利呀！
曹：没办法，要打仗，必须养兵！而且人们有田种、有饭吃也乐意，总比啃树根、吃人好吧？

越：而您一分钱没掏，就变成农场主了！
曹：哈哈，这只是其中一个妙处。

越：还有什么妙处？
曹：还有啊，我这军队，农时就下田生产，战时就出兵打仗，耕战合一，既有了粮草，又有了兵源，流民也少了，治安也好了，一举多得！哈哈！

越：将军这招，高，实在是高啊！
曹：这都是谋士们给我出的主意，我不敢居功！我不过是想让大家有口饭吃而已。有饭吃，大家才有战斗力；有战斗力，才能平定天下嘛。

越：那我就祝曹公的事业更上一个台阶，早日平定天下！

广告小铺

告徐州百姓书

因本官身染重病，将不久于人世，现决定将徐州托付给平原相刘玄德（指刘备），由他代理徐州牧。

玄德老弟忠厚仁义，又有关羽和张飞两个武艺高强的义弟相助，相信他们一定能帮大家守住徐州。

徐州牧 陶谦

告天下万民

朕回到洛阳后，发现洛阳已经被董贼一伙烧得一片狼藉，根本没法住人。朕决定听取曹大将军的意见，把国都迁到许县去。曹大将军一片忠心，以后朝廷一切大小事务都听他的好了。

刘协

屯田公告

因土地大量荒废，官仓里没有粮食，百姓也缺少食物，官府现决定推行屯田措施：

凡是愿意来本地种地的，官府将为你们免费提供土地、农具、种子以及耕牛，并且还会派人开挖水渠，保障你们耕种的权利。只要大家在粮食收获后，上交五至六成收成即可，不会再额外征税。

兖州官府

第6期

公元197年—公元199年

谁是英雄

曹操篇

穿越必读 CHUANYUE BIDU

曹操把皇帝弄到了许县后，开始了轰轰烈烈的争霸之战。他战吕布，讨袁术，降张绣……而就在他的眼皮子底下，一颗日后与他一起称霸天下的政治新星正冉冉升起……

顺风快讯

SHUNFENG KUAIXUN

张绣叛变，曹操痛失爱将
——来自宛城的快讯

（本报讯）建安二年（197年）正月，南边的宛城（今河南南阳）传来一个消息——之前投降的张绣突然叛乱了！

张绣既然已经投降，为何又会叛乱呢？难道之前他是诈降？

那倒不是。一开始，张绣的确是真心投降。

只可惜，曹操一时高兴，就有点飘飘然，见张绣的婶婶邹氏长得漂亮，就强行纳为小妾，还用重金收买了张绣的亲信。张绣为此心中十分不安。

曹操发现张绣情绪不对，便起了杀心。张绣知道后惶恐不已，就先下手为强，起兵把曹操赶出了自己的根据地。

曹操的长子曹昂、侄子曹安民，以及他最贴心的侍卫典韦，都在这一战中牺牲。

曹操损失惨重，后悔不迭，回去后主动向将士们承认了错误，并派人找回典韦的尸体，哭着将其送回了老家。将士们都深受感动。

一年后，曹操亲自率军南征，大败张绣，一举获胜。

来自宛城的快讯！

百姓茶馆
BAIXING CHAGUAN

丞相违纪要自杀

金郎中：你们听说了吗？曹操因为违反军纪，要拔剑自刎呢！早就听说曹操治军十分严明，不论是谁违反军纪，都会受处分，没想到连他自己也不例外，佩服！

小兵甲：这有什么！当时是他自己下的军令：军队行军路过麦田时，不能践踏麦田，否则要杀头。将士们没一个敢践踏麦田，就怕掉脑袋。没想到，曹操自己下马的时候，田里突然飞起一只小鸟，曹操的马受到惊吓，一下子蹿进了麦田。既然是他自己制定的军纪，他自己违反，如果不死，以后如何能服众呢？

小兵乙：这确实是个难题。最后还是郭嘉说了一句："大人若自杀了，谁来统率三军呢？"曹操才借此下了个台阶，割下一大截头发，代替自己的头，以示受罚。唉，别人违纪要掉脑袋，他违纪割一截头发就行，真是不公平啊！

某名士：话不能这么说，这身体发肤，都是父母给的，要是剪了或者毁了，那是大大的不孝。所以人们从不轻易剪发，留短发的，一般都是奴隶。而"割发"，又叫髡（kūn）刑，是一种刑罚。对于当事人来说，这种刑罚虽然没有肉体上的痛苦，却比杀了他还要难受。曹操这么做，既处分了自己，又尊重了法律，是非常难能可贵的。

龙虎风云
LONGHU FENGYUN

曹刘联手捉吕布

再说吕布和陈宫被曹操打败后，被迫退到了徐州。

徐州的一把手叫刘备，为人宽厚讲义气。他的两个义弟关羽和张飞，都是出了名的骁勇善战。徐州有难时，他们曾经带着几千士兵前去救援。陶谦死后，就把徐州托付给了刘备。

刘备见吕布武艺高强，便收留了他。谁知那吕布忘恩负义，趁刘备带兵出去与袁术作战时，竟然鸠占鹊巢，把徐州给夺了。

刘备三兄弟打不过吕布，只好向曹操求援。曹操敬重刘备是个英雄，便和他联手，向吕布发起进攻。

由于吕布有勇无谋，又生性多疑，见利忘义，到最后军队上下离心，化作一盘散沙，吕布也被自己的手下绑了，送到了曹操面前。

吕布见了曹操，嚷嚷着要求松绑。

曹操笑着说："捆绑猛虎不得不紧。"

吕布便说："要是您能得到我，我给您做将军，您就可以统一天下了。"

曹操听了，有点心动，因为吕布武功盖世，就算刘备和张飞、关羽三人联手，都打不过他呢！

龙虎风云

这时，刘备在一旁缓缓说了一句："您知道吕布是如何对待丁原、董卓的吗？"

原来，吕布的第一任义父并不是董卓，而是并州刺史丁原。丁原因为反对董卓废帝，与董卓水火不容。可吕布为了讨好董卓，把丁原杀了，后来又受王允的诱骗，把董卓杀了。这样的人，怎么可能真心为他人卖命呢！

曹操听了，心有余悸，就把吕布给绞死了。

据说吕布临死前，把刘备"大耳贼""大耳贼"地骂了千遍，因为刘备长了一双大耳朵（《三国演义》等文学作品中都有此说，甚至有人说他的耳朵一直长到了肩膀。但正史《三国志》中并没有具体的记载）。

至于和吕布同时被擒的陈宫，曹操念他曾经立过功，舍不得杀他，问："公台（陈宫的字），你死了，你母亲怎么办呢？"

陈宫答："我听说以孝治天下的人，不会杀害别人的母亲。"

曹操又问："公台，你死了，你儿子怎么办啊？"

陈宫又答："我听说以仁治天下的人，不会杀害别人的儿子。"

曹操没办法，只好杀了陈宫，并答应他，以后代他照顾他的母亲和孩子。从那以后，陈宫的家人一直由曹操供养。

青梅煮酒论英雄

吕布死后，曹操带着刘备一起回到许县。

汉献帝听说刘备是中山靖王之后，按辈分算，还是他的叔叔呢，于是封他为左将军，尊敬地称他为"皇叔"。

汉献帝自从被曹操迎到许县后，虽然吃好喝好，却一直没有实权，一切都是曹操说了算。

年轻的皇帝不甘心充当曹操的傀儡，便悄悄地写了封血书，让老丈人董承藏在衣带间，带出了宫。

董承回府后，立即联络刘备等人，密谋除掉曹操。

刘备虽心怀大志，却为人谨慎。为了不引起曹操的猜忌，就转行当了菜农——一天到晚在园子里种菜。

有一天，曹操找刘备喝酒，两人就着青梅下酒，边喝酒边聊天，气氛非常融洽。

喝着喝着，曹操突然问刘备："玄德（刘备的字）兄，你觉得当今世上，谁算得上是英雄？"

刘备回答说："袁术兵马多，他算是英雄吧？"

曹操不以为然："袁术活不了多久了，我迟早会收拾他的。"

刘备又说："那袁绍手下的谋臣多，算是英雄了吧？"

龙虎风云

曹操回答:"袁绍优柔寡断,当不了英雄。"

刘备又说了好几个人,曹操都看不上眼。

刘备两手一摊:"那我就不知道了。"

曹操用手指指刘备,然后又指指自己,笑着说:"依我看,天下算得上英雄的,只有你和我。"

刘备吓得一激灵,手一抖,筷子掉到了桌子底下。刚好这时天上响起一声惊雷。刘备一边捡筷子,一边说:"这响雷可真厉害。"这才没被曹操看出破绽。

但刘备还是被吓出了一身冷汗,他知道自己现在无权无势无地盘,没有实力与曹操抗衡,不久,就带着关羽、张飞,借攻打袁术的机会,往徐州去了。

来来来,为你我二位英雄干杯!

雷声好大,吓我一跳!

嘻哈乐园
XIHA LEYUAN

61

快马传书
KUAIMA CHUAN SHU

要不要再降？

编辑老师：

　　您好！这些年来我一直想找个靠山，一起对付曹操。

　　前几天，袁绍派人来我营中拉拢我，我也正有此意。可是还没等我开口，谋士贾诩（xǔ）却说："袁绍连自己的兄弟都容不下，又怎么容得下别人呢？"把使者给气走了。

　　我问贾诩接下来我们该怎么办，他却说应该去投靠实力不如袁绍的曹操。

　　他的理由是这样的：第一，曹操背后是朝廷，投靠他名正言顺；第二，我们这点人马，对袁绍来说只是锦上添花，对曹操却是雪中送炭；第三，曹操志向远大，绝不会计较个人恩怨，反倒会拿我们做个榜样，向天下人表明他的博大胸怀。

　　他说得有理有据，我听了有点心动，但心里还是打鼓，当年他的父亲在徐州死于非命，他把徐州杀了个遍，而我不仅背叛过他，还是他的杀子仇人，他真的不会介意吗？

张绣

张将军：

　　您好！贾先生说了那么多，我就不多说了。就算您不相信曹操，也应该相信贾诩。之前您不相信他，结果不是吃了败仗吗？

　　至于曹操，正是因为他之前一时冲动，血洗徐州，吓走了很多人才。如果这次您再次投降，他一定会抓住这个机会，让大家重新认识他、信任他！同时，他也会对您和贾先生感激不尽。所以将军尽管放心地去吧。

编辑★穿穿
编辑部

　　张绣再降后，曹操不仅任命他为大将军，还和他结成了儿女亲家。此后投奔曹操的人越来越多。

名人来了

MINGREN LAI LE

越越（简称越）大嘴记者

刘备（简称刘）特约嘉宾

嘉宾简介：字玄德，涿郡涿县（今河北省涿州市）人，现任左将军，为人宽厚仁慈，且富有英雄气概，走到哪儿都有一群粉丝追随。在曹操心目中，他是唯一可以与自己一较高下的英雄人物。

越：嗨，皇叔！

刘：（正在菜园子里浇水）哎呀，吓我一跳！小记者，你可别学某人，进来之前，先打个招呼行不？我胆小！

越：怎么，您被曹公吓着了？

刘：可不，上次他把我吓得够呛，一进门，就说我在干大事！

越：哈哈，您可不就在干大事！

刘：胡说！我现在要有大事可干，还会在这里种小菜？

越：哈，皇叔，您就别瞒我了，皇上已经告诉我了，他让你们和董承他们想办法除掉曹操呢！

刘：啊，这事你也知道了？那我就不瞒你了，确有此事。

越：其实吧，这是曹操和皇帝之间的事，跟您有什么关系？况且，曹操对您也不错，您怎么能恩将仇报呢？

刘：他对我不错，是因为我和我的两个兄弟武艺高强，有利用价值。况且，他和皇上，哪个更重要？当然是皇上。身为皇叔，我有义务、有责任替皇上分忧！

越：那您打算怎么个"分"法呢？

刘：唉，曹操耳目众多，估计这

63

名人来了

事，他已经有所察觉了。

越：这么机密的事他也能知道？

刘：我也是猜的。上次他和我说什么，袁绍、袁术这些人都是草包，全天下只有我和他才是真正的英雄。你说可怕不可怕！

越：啊，您也是英雄？您成天投奔这个投奔那个的，无权无势无地盘，我看不太像啊！（将刘备上下打量了一番）

刘：（尴尬）就是，就是，我刘备其实就是一个卖草鞋的，哪能跟曹操比呢！曹操这么说，实在是抬举我了。

越：您是不是英雄，一般人确实看不出来。但有一件事我是看出来了，那就是，您快要大祸临头了！

刘：（装紧张）啊，什么大祸？

越：皇叔，您是真不知还是假不知啊？既然曹公说，只有您和他才是英雄，那么他下一个要对付的人，肯定就是您啊！

刘：（流泪）哎呀，那可怎么办？那我这小命岂不是随时不保？

越：您放心，以曹公今天的地位，他也不可能随随便便地把您杀了，但要是"衣带诏"事件暴露了，就不好说了……

刘：我被杀了不要紧，千万不要连累我的两位义弟呀。他们随我出生入死，到现在什么好处都没有落着，我真是愧对他俩啊！

越：为今之计，您只能"三十六计，走为上计"了，赶紧逃吧！

刘：多谢小记者提醒。那本将军就不陪你了，后会有期！

　　本次采访于刘备离开曹营之前。

广告小铺

讨逆书

自从天子迁到许县后，朝廷已经渐渐安稳下来。可袁术这个蠢驴脑袋，居然仗着不知从哪里偷来的传国玉玺，自己当起了皇帝！为维护国家统一，现朝廷决定派司空大人曹操领兵讨伐逆贼。凡能拿到袁术人头者，一律重赏。

大汉朝廷

公元199年，袁术逃亡路上遭到曹操派出的刘备等人带兵拦截，不久后去世。袁术只称帝两年半就死了。

诚购蜂蜜若干

时值盛夏六月，天气酷热，我军在撤退途中遭遇困境，很多将士被活活饿死。陛下（指袁术）病危，因为麦饭粗糙难以下咽，想喝蜂蜜水。若哪位乡亲家中有蜂蜜，还请立即送往军营，陛下将重重有赏。

袁术军部伙食房

绝交书

听到袁术称帝的消息，我十分震惊。袁术的传国玉玺是我的父亲孙坚征讨董贼时得到的。我曾经写信给他，劝他不要乱来，他却把我的话当作耳旁风。

既然这样，本人在此宣布，从此以后，我孙策与袁术彻底决裂，如有机会战场相见，休怪我手下无情！

江东 孙策

智者为王
ZHIZHE WEI WANG

第2关
智者无敌 王者为大

1. "千里草，何青青。十日卜，不得生。"这首童谣《千里草》骂的人是谁？
2. 初平元年，各路英雄在哪里召开了联盟大会？
3. 曹操能顺利成为兖州牧，哪两个人的功劳最大？
4. 是谁逃离袁绍投靠了曹操？
5. 与西凉军交战，曹操摔下马来，危急时刻，是谁把自己的战马给了他？
6. 曹操为什么血洗徐州？
7. 曹操杀了哪位名士引起后院起火？
8. 教曹操打皇帝牌的是谁？
9. 陶谦死后，将徐州托付给了谁？
10. 是谁建议曹操"奉天子以令不臣"？
11. 张绣听了谁的建议，再次向曹操投降了？
12. 是谁冒天下之大不韪，率先称帝？
13. "煮酒论英雄"的是哪两个人？
14. 古代留短头发的一般是什么人？
15. 吕布是被谁处死的？

第7期
公元199年—公元201年

官渡之战
曹操胜

穿越必读 CHUANYUE BIDU

吕布死了，袁术也死了，张绣投降了，刘表观望保守，孙策则死守江东……最终，袁绍和曹操这对昔日的好友反目成仇，将枪口对准了彼此。一场决定曹操以及中国命运的官渡之战就此打响……

顺风快讯

SHUNFENG KUAIXUN

袁绍即将进攻许县

——来自许县的快报

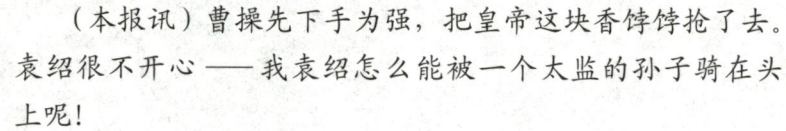

（本报讯）曹操先下手为强，把皇帝这块香饽饽抢了去。袁绍很不开心——我袁绍怎么能被一个太监的孙子骑在头上呢！

他越想越生气，决定出兵去许县讨伐曹操。

可是，曹操在许县，皇帝也在许县呀！不知情的人，还以为是袁绍要造反呢！

谋士沮（jū）授、田丰劝袁绍不要着急，等过个两三年，曹操对皇帝没耐心了，再打也不迟。现在出兵，名不正言不顺，没人支持，肯定会失败。

可袁绍哪里听得进去，他觉得自己现在比曹操厉害得多，怎么会失败呢！

郭图等谋士看出了袁绍的心思，就迎合他说："兵书上说，当我们比别敌人强十倍时，我们就可以包围；强五倍时，可以进攻他们。现在明公兵力又强又多，要讨伐曹操，简直易如反掌！"

袁绍听了，心里乐开了花，把沮授、田丰两个乌鸦嘴训斥一通，带着十万精兵，浩浩荡荡跨过黄河，向许县进发了！

> 来自许县的快报！

曹操凯旋，袁绍错失良机

人们正等着看曹操和袁绍的好戏，曹操这边却出了意外。

原来，刘皇叔走后，"衣带诏"事件被曹操知道了。曹操勃然大怒，把董承和他的同伙（不包括皇帝）统统诛杀。

而这时，刘备已经占领徐州，还和袁绍勾搭到一起，公开向曹操叫板。曹操火冒三丈，当即要去找刘备算账。

这时有人提醒他："主公，同您争天下的是袁绍，现在去攻打刘备，万一袁绍乘机偷袭我们，怎么办？"

曹操回答："放心吧，袁绍这人反应迟钝，不会有事！但刘备是人中之杰，留着他后患无穷。"

谋士郭嘉也说："没错，袁绍优柔寡断，不会立即攻打我们。但刘备刚刚叛变，众人的心还没有完全向着他，丞相这次东征，一定能够取胜！"

果然，刘备没想到曹操会亲自带兵前来，毫无准备，结果被打得屁滚尿流，逃到袁绍那里去了。曹操不仅俘虏了刘备的妻子，还活捉了他的二弟关羽，不到一个月就夺回徐州凯旋。

不出所料，袁绍果然什么动静也没有。

据说田丰曾经劝袁绍趁这个机会攻打曹操，袁绍却说："不行啊，我的小儿子生病了！"气得田丰拿着手杖"咚咚"地击打地面："这么好的机会都不珍惜！完了！完了！"

袁绍听了很恼火，从此就疏远了田丰。

龙虎风云
LONG HU FENGYUN

曹操连打两场胜仗

公元200年，袁绍率领十万大军开进黎阳（今河南浚县），派大将颜良去攻打黄河北岸曹操控制的白马（今河南滑县），意图控制这一重要渡口，切断曹军的补给线。

颜良四肢发达，头脑简单，上来就是一顿猛攻。白马的将士只有三千，守了三个月，实在守不住，只好向曹操告急。

曹操的军队正驻扎在官渡（今河南中牟东北），曹操得知消息，立马要去救援。

荀攸赶紧劝住他：" 袁绍有十万精兵，我们只有三四万人，硬拼是不行的。不如这样，我们派一部分人去延津（今河南卫辉市附近），装作要渡河袭击袁绍的后方；派一部分人去救白马，这样就容易多了。"

曹操一听，大喜："好一招声东击西！"于是按荀攸的方法，派人去延津迷惑袁军。

等袁军上当后，曹操就带着关羽等人掉头奔向白马。

曹操俘获关羽后，一直想收为己用，把

龙虎风云

他当贵宾一样款待。可关羽一心想着他的大哥刘备，又觉得对不住曹操这番赏识，便打算报答曹操之后再离开。

到了白马，关羽抢先出击，打马飞一样地冲到颜良面前。颜良还来不及反应，被关羽一刀砍死。其他人见主帅都死了，一窝蜂似的四散而逃。

白马之围解除后，曹操担心袁绍打了败仗，会拿百姓出气，带着大家一起撤往官渡。

走到一个高坡上，曹操让将士们下马，把武器啊、盔甲啊，丢得满地都是。

将士们一听傻了眼，这么多宝贝，怎么能白白地丢了呢？还是先运回军营吧。

只有荀攸笑着说："这么好的诱饵，运回去干吗？"说完，和曹操相视而笑。

不一会儿，袁绍派文丑和刘备率领大军追了上来。文丑看见满地的辎重财物，以为曹军早就吓得逃跑了，非常得意，不顾刘备劝阻，叫士兵去捡。

这时，曹操一声令下，埋伏在高坡上的骑兵一冲而下，袁军被打了个措手不及。文丑还没回过神来，就被乱刀砍死。刘备见势不妙，又溜了。

接连打了两场胜仗，还斩了袁绍两员大将，曹操很高兴。他给了关羽一大笔赏赐，希望他能留下来。然而，关羽什么都没要，得知刘备消息后连夜留下一封书信，悄悄地离开曹营，找刘备去了。

不久，刘备就带着关羽他们，以搬救兵的名义，离开袁绍，去投奔荆州的刘表去了。

71

许攸献计，孟德火烧乌巢

虽然曹操决定硬着头皮打下去，但怎么打，如何打，他心里一点谱也没有。

这天晚上，曹操正要睡觉，忽然有人来报："许攸来了！"

曹操听了，高兴得连鞋都来不及穿，就跑了出去，拍着手说："子远（许攸的字）啊，你来了，我的事就成了！"

许攸和袁绍、曹操从小一起长大，一直追随袁绍，对袁绍的军情了解得一清二楚。那他为什么跑来投靠曹操呢？

有人说，是因为他的家人犯法，被袁绍的官兵抓了。有人说，是因为他与袁绍的谋士审配有矛盾。也有人说，是因为交战之前，许攸劝袁绍留一部分军队看住曹操，然后抄小路去许县劫持天子，袁绍不同意，非要先灭了曹操再说。所以，许攸一气之下，就投奔了曹操。

两人一坐下，许攸就问："你现在的军粮还能撑多久？"

曹操回答："还可以撑个一年吧。"

许攸一声冷笑："不对吧？你给我讲实话。"

曹操又改口说："其实只够半年的。"

"既然你不讲实话，我就爱莫能助了。"许攸拔腿要走。

曹操心想，这家伙准是掌握了我的底细，忽悠不了了，于是赶忙拦住许攸："哎呀，刚刚只是开个玩笑罢了。其实还能够撑一个月就不错了！"

龙虎风云
LONGHU FENGYUN

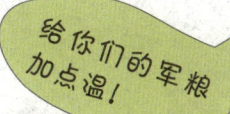

给你们的军粮加点温!

许攸这才消了气,说:"那我今天来给您送一份大礼——百万军粮。您要不要?"

曹操心花怒放,连连点头:"要,要,当然要!"

"现在袁绍的粮草都在乌巢,您只要派人将袁绍的粮草烧光,不出三天,袁绍必定会败。"

曹操大喜,留下曹洪等人防守大营,亲自带兵,化装成袁兵,趁着夜色,抄小路直奔乌巢。

为防止发出声音,士兵嘴里衔着小木棍,马嘴也被绑住。路上若碰见有人盘问,就回答说:"是袁公害怕曹操袭击,特地派兵前来加强防备。"听的人居然信以为真,毫无戒备。

等到了乌巢,已经是后半夜。乌巢虽是袁绍的粮库,却没有重兵把守。曹军不费吹灰之力,就将袁绍的粮库烧了。

粮食被烧了,袁军的士气一落千丈。

百姓茶馆
BAIXING CHAGUAN

曹操想退兵

小兵甲： 唉,那袁绍一连损失两员大将,气得不行,又加大兵力进攻官渡。虽然这官渡易守难攻,袁军一时也攻不进来,可袁绍兵精粮足,不怕打持久战,我们就遭罪了。再这样下去,估计我们没被袁绍打死,就要饿死了。

运粮官： 大家放心,曹公说了,再过十五天,就不用辛苦我们了!有可能,他已经想出打败袁绍的办法来了!

某军师： 不会是想当逃兵了吧?这个节骨眼上,就别想当逃兵了。袁绍这次倾巢而出,不提曹操的脑袋回去,是不会善罢甘休的。成败在此一举,谁后退谁就会灭亡!不能取得胜利,就只有死路一条,绝没有第二条路!

某大将： 放心吧,就算曹操想放弃,荀彧和贾诩也不会让他放弃的。而获得最后胜利的一定是曹操!为什么?因为曹操比袁绍有智慧,比袁绍有勇气,而且曹操保护的是皇帝,是民心所向。只要他放开胆子去打,一定可以大功告成!兄弟们,再咬牙坚持一下,胜利一定会在前方等着我们的!加油!

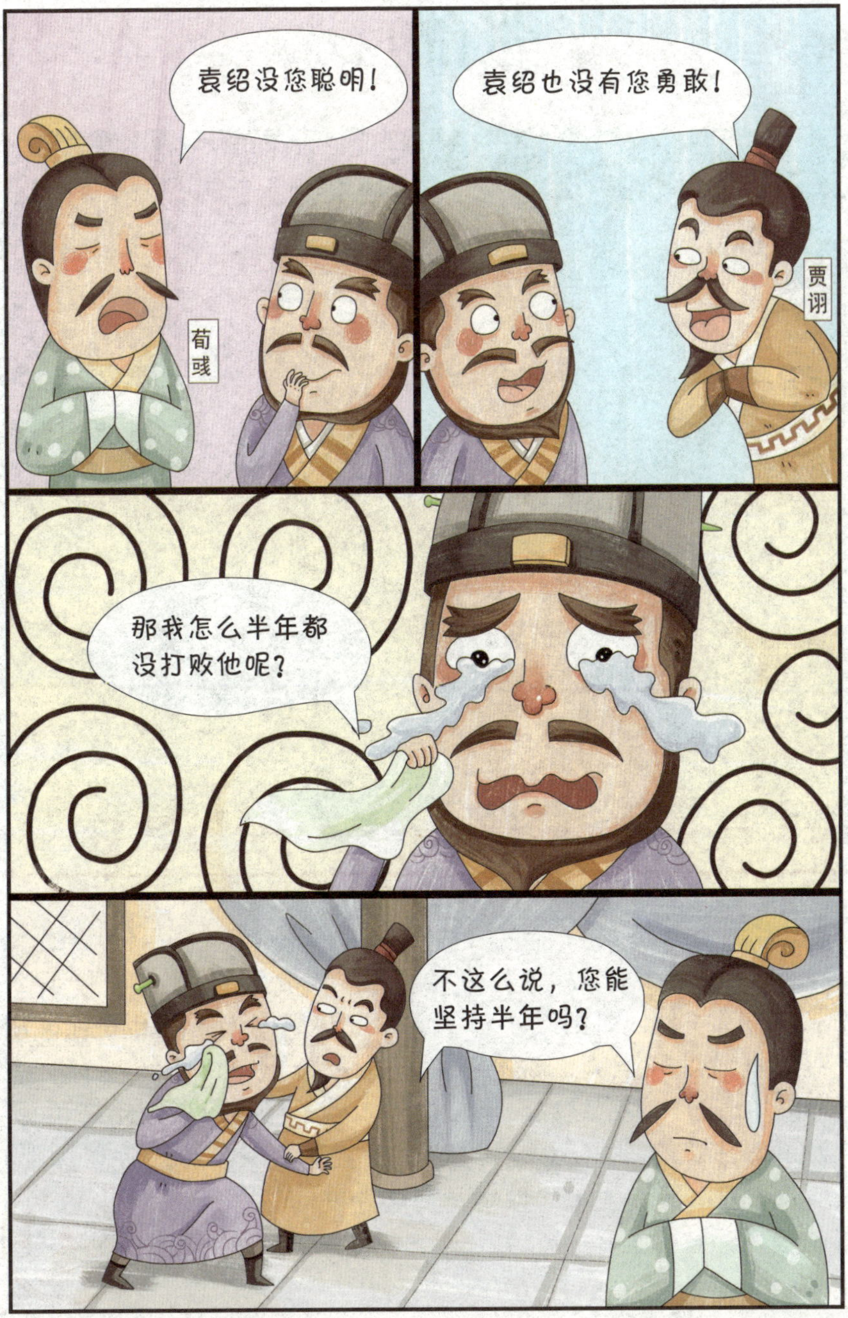
袁绍没您聪明！
荀彧
袁绍也没有您勇敢！
贾诩
那我怎么半年都
没打败他呢？
不这么说，您能
坚持半年吗？

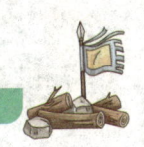

快马传书

张郃反水

编辑老师：

　　您好。乌巢被烧后，我们都很吃惊，主公也气得半死。不过，我觉得，既然曹操亲自出马烧我们的粮草，那一定是志在必得，我们一定要尽快增援乌巢，不然，事情就难以挽回了！

　　可那狗头军师郭图却建议，乘这个机会攻打曹操的大本营，迫使曹操回师救援，这样乌巢就解围了。

　　哈，这怎么可能呢？曹操的大本营一时半会儿肯定攻不下来。乌巢那点人马又怎么是曹军的对手？如果曹营攻不下，乌巢又失守，我们恐怕只能去做俘虏了。

　　只可惜，主公琢磨半天，却要将我们二人的意见合二为一，一面派人去救援乌巢，一面派我率兵去攻打官渡。结果正如我所料，我军一进曹营，就遭到曹军的三面夹击，大败而归。

　　现在，我也不知道下一步该如何是好了，唉！

张郃

张将军：

　　您好！其实，打败仗不可怕，哪个将军没打过败仗呢？不过，我听说一件比打败仗更可怕的事，那郭图为了推卸责任，居然在袁绍耳边煽风点火，说您在后面幸灾乐祸，怪袁绍没有听您的。您也知道的，袁绍这人一向爱面子，他已经下令要收拾您了！

　　为了保住您的项上人头，我劝您赶紧烧了战车，投奔曹操吧！以将军的实力，曹操一定会把您当他的韩信的。

　　张郃反水，袁军士气一落千丈，曹操趁机大举反攻。袁绍被打得仓皇而逃，从此一蹶不振，再也没有能力对抗曹操。

名人来了
MINGREN LAI LE

越越（简称越）大嘴记者

袁绍（简称袁）特约嘉宾

嘉宾简介：现任大将军。他表面宽厚，内心猜忌，虽兵多地广，人才济济，却在官渡之战中，一错再错，以致败给了实力远远不如他的曹操，多年心血刹那间付诸东流，让人唏嘘不已。

越：袁公，好久不见，您还是这么英俊潇洒，风度翩翩呀！

袁：那是自然，我袁绍什么都可以输，就是不能输风度！

越：这打仗靠的又不是风度，靠的是这个（指指脑袋）。

袁：（大怒）你小子什么意思！是说我没头脑吗？

越：不敢！不敢！（赶紧拍马屁）袁公知人善任，人中龙凤。坏就坏在您手下那帮人，成事不足，败事有余！

袁：（恨恨的）没错，尤其是田丰那乌鸦嘴，仗还没打，就说我会输！回去我第一件事就是宰了他！

越：这反而证明他料事如神啊，应该奖赏才对。

袁：他要是对的，那我岂不是错的？那我的面子往哪儿搁？

越："胜败乃兵家常事"，跟面子有什么关系？输都已经输了，谁对谁错还重要吗？

袁：唉，我现在最后悔的是，当初不该帮阿瞒这个白眼狼。要是没有我袁绍，他阿瞒还不知道在哪儿凉快呢！

越：那也是人家聪明，知道打皇帝这张牌。

名人来了

袁：其实我的手下也给我出过这主意，不过我没接受。

越：您当时想什么呢？

袁：我想，要是把皇帝接到身边来，我该怎么对他呢？听他的吧，那我不是要天天向他请示，事事向他汇报？不听他的吧，那我岂不是落个违抗圣旨的罪名，划不来！划不来！

越：事实证明，您想多啦！您以为曹操把皇帝接到身边，是真的要复兴汉室？不过是打着皇帝这个招牌，"奉天子以令不臣"，不仅没有损失，还能得不少好处呢！

袁：说得好听！分明是"挟天子以令诸侯"！

越："奉天子"也好，"挟天子"也罢，只要天子在手，他就是老大，谁也奈何他不得。

袁：唉，阿瞒那小子打小就狡猾，俺是实诚人，吃亏！

越：实诚人能坐到您这个位置？我不信！（试探袁绍）您不迎接天子，是想自己当皇帝吧？

袁：（连忙摆手）瞎说！那是袁术那浑小子的想法。

越：可我听说，袁术发现自己皇帝做不下去了，想把传国玉玺送给您，让您当皇帝。

袁：我袁绍想称皇帝，还用得着他送？

越：那确实。有人说，要是没有曹操，统一天下的就是您呢！

袁：这话中听。

越：中听没用啊。您知道曹操说什么吗？他说您虽然有很多土地，很多粮食，不过都是给他准备的礼物罢了！

袁：曹阿瞒欺人太甚！（气得吐出一口老血）

越：您老要保重啊！再见！（吓得一溜烟跑了）

广告小铺

📜 安军告示

各位将士，我和袁绍一起长大，没有人比我更了解他了。

这人志向远大，却缺少智谋；表面如狼似虎，实际胆小如鼠；忌讳别人能干，自己又没有什么威严。他手下虽然兵多，指挥却不统一，将军们一个个像他一样，骄纵狂妄。别看他土地多，粮食多，那都是为我们准备的！请大家放宽心，来迎接这次战争吧！

曹操

🗑️ 销毁公告

本官在官渡之战中缴获了袁绍狗贼的大量资料、文件及书信，其中有不少我朝臣子跟他串通一气、通敌叛国的证据。照理，我应该把那些叛徒、墙头草都找出来。但我觉得当此乱世，人人自危很正常，杀了一个还会有第二个，所以我就送大家一个人情，将这些证据统统烧掉。大家放心，过去的一切我曹操既往不咎，只要大家今后效忠于我，效忠于陛下，以前的事一笔勾销。特此公告。

曹操

第8期

公元202年—公元208年

统一北方

曹操篇

穿越必读 CHUANYUE BIDU

袁绍死后，他的儿子们自相残杀，曹操趁机渔翁得利，先后平定青、幽、并、冀四州，又远征乌桓，彻底清除袁氏残余势力，完成了统一北方的大业。

顺风快讯

兄弟自相残杀，曹操渔翁得利
——来自邺城的加急快报

（本报讯）官渡战败后，袁绍气得要命，不久就病死了。

袁绍有三个儿子，按传统，应该传位给老大袁谭，可袁绍喜欢老三袁尚，因为袁尚像他，长得帅，所以迟迟没有确定继承人。

袁绍死后，郭图等人就和袁尚的母亲勾结，立袁尚为接班人。袁谭不服气，没多久，兄弟俩就打了起来。

可笑的是，打到后面，袁谭居然派人向曹操求救，想让曹操和袁尚打得两败俱伤，他好坐收渔翁之利。

曹操正巴不得呢，马上发兵直捣袁氏的老巢——邺城。

等袁尚急急忙忙赶回来时，邺城却变成了汪洋一片。原来曹操命人在邺城四周挖壕沟，将河水哗啦啦地引进了城里。

三兄弟打不过曹操，死的死，逃的逃。就这样，袁绍苦心经营多年的基业，全部落到了曹操的手里。

来自邺城的加急快报！

曹孟德千里征乌桓

袁尚被曹操打败后,和老二袁熙逃到了乌桓。乌桓也叫乌丸,是北方的一个少数民族部落,之前一直为袁绍效力。

为了彻底消灭袁氏残余势力,曹操决定亲自带兵出征。可是乌桓实在太远了,军队走了很久,才到达无终(今天津市蓟州区)。

偏偏这时大雨哗哗地下个不停,到处是坑坑洼洼、泥泞不堪的泥巴路。士兵们行走困难,战马和战车一不小心就陷入泥泞之中,拉都拉不出来。不少士兵还因为水土不服得了病。

曹操心急如焚,这时,当地一个叫田畴的人告诉他,可以带他们从一条小路悄悄地钻过去。

曹操听了大喜,为了迷惑敌人,他让人在大路上竖起一块木板,上面写着"前方道路不通,秋天我们再来"。

乌桓军信以为真,便放松了警惕。而曹军跟着田畴,沿着小路一路翻山越岭,有如天神一般,突然出现在乌桓人面前。乌桓人没有防范,结果被打得落花流水。

二袁走投无路,只好跑去投靠辽东太守公孙康了。

公孙康献人头

二袁逃走后，将领们建议乘胜追击，顺便把辽东也收了。

曹操却大手一挥，说："不用了，大家班师回朝吧，很快就会有人把他俩的人头送上门来的。"将领们都半信半疑。

再说那公孙康收留二袁后，倒也热情，还摆了一桌筵席，为他们接风洗尘。

二袁非常高兴，打算先好好地吃一顿，再和公孙康商量联合抗曹的事。谁知他们屁股还没落座，就被公孙康提前埋伏的精兵五花大绑，丢在地上。

有传言说，袁尚嫌地面太凉，对公孙康说："能不能给我们一个席子坐坐？"

公孙康冷冷地说："你们的脑袋马上就要远走高飞了，还要席子干什么！"说完就砍了两人的脑袋，向曹操邀功去了。

眼见曹操料事如神，众将领都惊讶不已，问："我们并没有进攻，公孙康为什么要杀袁熙、袁尚呢？"

曹操回答说："这是兵法的妙处。如果我们逼紧了，他们会联合起来抵抗我们，如果不追呢，他们反而会自相残杀。"

"妙！实在是妙！"大家听了，都连连赞叹。

就这样，曹操成功地消灭了袁绍的残余势力，统一了北方。

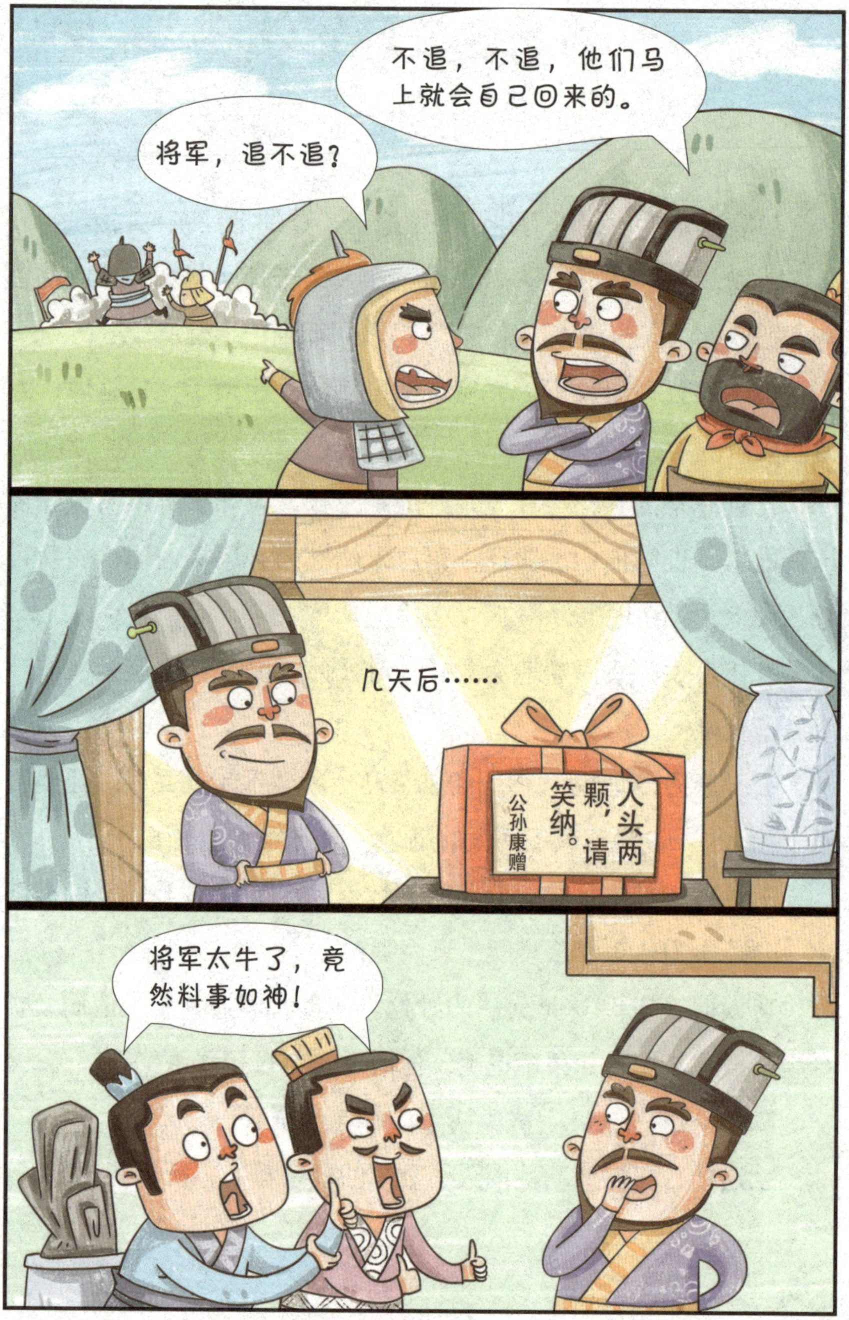
将军，追不追？
不追，不追，他们马上就会自己回来的。
几天后……
人头两颗，请笑纳。
公孙康赠
将军太牛了，竟然料事如神！

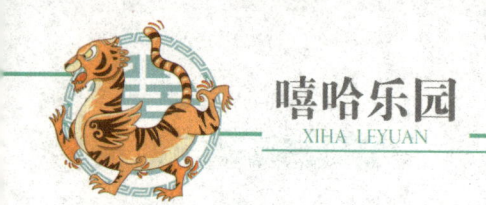

快马传书

KUAIMA CHUAN SHU

没有我，曹操哪有今天？

编辑老师：

　　您好。最近我听到一个消息，曹操把许攸给杀了。在官渡之战中，许攸不是立了大功吗？这才刚打败袁家，曹操就把有功之人杀了，这不是卸磨杀驴、过河拆桥吗？

　　本来曹操的求贤令发布后，我还想去投奔他，这样一来，我就有点犹豫了。莫非曹操爱才，只是作秀？不是真心实意？

某隐士

这位隐士：

　　您好。许攸是曹操的老朋友，又立过那么大的功，曹操为什么要杀他呢？因为呀，许攸太不把曹操当盘菜了！

　　据说，他常常不分场合和曹操开玩笑，有时甚至直呼曹操小名，说："阿瞒呀，没有我，你哪有今天啊！"曹操是什么人？他表面笑嘻嘻的，"是呀，是呀，你说得对！"，心里却十分不快。

　　后来，曹操攻下邺城，许攸又对左右说："要不是我，这家伙连这个门都进不了呢！"曹操这才勃然大怒，把他杀了。

　　世界上没有无缘无故的爱，也没有无缘无故的恨。

　　如果您要去投奔曹操，一定要注意，曹操是个赏罚分明的人，如果您立了功，他一定会奖励您；但如果您违犯了军纪，挑战他的底线，那是一定不会有好果子吃的。

编辑 穿穿

百姓茶馆
BAIXING CHAGUAN

一代神医被曹操害死了

李师爷： 天哪，一代神医华佗被曹操害死了！那曹操有头痛的毛病，找了很多人都治不好，请了华佗才减轻了些。说起来华佗还对他有恩呢，他怎么把自己的恩人杀了呢？

欧掌柜： 唉，曹操想让华大夫做他的私人医生，华大夫不愿意，就谎称自己妻子生病，回家探亲。后来曹操催了好几次，他都不肯回来。曹操派人前去查看，发现被华佗骗了，就一怒之下，把他杀了。听说他临死前还拿出一卷医书交给牢头，说："这书可以用来救人。"可牢头不敢接受，华佗只好把那书一烧了事。一本可以救人的医书就这样失传了，可惜啊！可惜！

平民王七： 据说曹操杀华佗之前，荀彧也劝曹操，华佗医术高明，能救治天下很多人的生命，最好是从轻发落。结果你们猜曹操说什么？"怕什么，这种人天下多的是！"

平民李四： 别说了，华佗死后不久，曹操最喜欢的儿子曹冲也病死了。曹操心中一定很后悔吧，如果没有处死华佗，或许他的儿子就不会死了，而他也就不会终生被头痛折磨了！

名人来了

MINGREN LAI LE

越越（简称越）大嘴记者

曹操（简称曹）特约嘉宾

嘉宾简介：现任丞相，揽军政大权于一身。自起义兵、诛暴乱以来，在这十余年的时间里，他几乎战无不胜，攻无不克，征无不服。然而，他却谦虚地说，这不是他一个人的功劳，而是各位谋士和将士的力量。

越：恭喜丞相，贺喜丞相！
曹：快别恭喜了，这次胜利，纯属侥幸，以后再也不干这种蠢事了！

越：怎么了呢？
曹：这乌桓太远，我们走了好几个月都没到。要不是奉孝（郭嘉的字）说兵贵神速，让我们放下辎重，轻装前行，还不停地给我打气，我们能不能到达乌桓都两说啊！

越：听说郭嘉没能回来？
曹：别说了，还没到乌桓，他就病了。等我打败乌桓回来，他已经死了，我连他最后一面都没见到。他临走的时候，还给我出主意，让我不要去追袁氏兄弟，说公孙康会把他们的人头给我送过来。

越：啊，这主意是他出的？厉害！
曹：是啊，可惜天妒英才！老夫再也得不到像奉孝这样忠诚又聪明的人了！（哭）

越：您这么说，将荀攸、荀彧、贾诩他们置于何地啊！
曹：他们是人才，我承认。但他们和我一样，都老了。而奉孝还不到四十岁，我本来打算把身后事托付给他，没想到他走得比我还早！（又哭）

名人来了

越：都说刘皇叔爱哭鼻子，没想到丞相也是性情中人啊！

曹：男儿有泪不轻弹，只因未到伤心处。

越：确实。听说您还跑到袁绍的坟上哭了一场，为何？是真的伤心吗？还是，只是做做样子给别人看呢？

曹：胡说八道！我和袁绍从小玩到大，关系好得能穿一条裤子，后来走到兵戈相见这一步，你以为是我想见到的吗？（又哭）

越：瞧您说的，我都要哭了。（假装拭泪）

曹：我也是身不由己啊，一看到"白骨露于野，千里无鸡鸣"，我就肝肠寸断，这都是天下大乱惹出来的啊！

越：唉，兴，百姓苦；乱，也是百姓苦。那您的下一步计划是？

曹：听说大耳贼在南方荆州一带势力越来越大了，我得趁他羽翼未丰去攻打他，晚了就来不及了。

越：恐怕，已经来不及了……

曹：（紧张）哦，为何？

越：听说刘皇叔在荆州得到一个少年奇才，名叫诸葛亮，智慧超群，比郭嘉有过之而无不及。

曹：哦，我下了这么多次求贤令，怎么没见到他呢？

越：这个……我提醒您一下，诸葛先生是徐州人，当年您血洗徐州时，他还是个小孩子！

曹：唉，原来如此。说起来，我这辈子做得最差劲的就是这件事了。可惜，世界上没有后悔药吃啊。哎哟，我又开始头痛了！

越：那您早点休息，再见！

广告小铺

招工匠建铜雀台

前不久，丞相梦到有道金光从地下透出，第二天派人挖掘，居然挖到一尊铜雀。

为表彰丞相平定四海的功劳，朝廷决定在邺城修建铜雀台。因工程量比较大，现需招募大量工匠，要求身体健康，技术精湛。一旦录用，酬劳优厚！欢迎有意者前来报名！

铜雀台工程管理处

抑兼并令

治理国家时，不怕财富不多，而怕财富不均；不怕贫穷，而怕不安定。从现在起，冀州每亩田每年征收四升谷（约八百克），每户每年征收两匹绢、两斤棉就行了。除此以外，不准另立名目，额外征收。对于豪强大户，地方政府一定要严加盘查，不要再给贫苦百姓增加负担了。

曹操

恢复丞相制度

朕决定，从建安十三年（208年）起，废除三公，恢复丞相制度。丞相府下设东西二曹：西曹负责管理中央各部门；东曹负责管理地方和军队，并为朝廷选拔官员。特此昭告天下。

刘协

第 9 期
公元208年—公元210年

赤壁之战

穿越必读 CHUANYUE BIDU

统一北方后，曹操率军南下，与孙刘联军在赤壁展开激战，不幸战败。从此，刘备在荆州站稳了脚跟，孙权在江东的势力也得以巩固，而曹操再也没了统一天下的机会。天下逐渐形成了三足鼎立的局面。

顺风快讯

曹操南征，意在刘备
——来自荆州的快报

（本报讯）建安十三年（208年）七月，雄心勃勃的曹操以讨伐刘表为名，挥师南下。

可是，曹军还没到呢，刘表就病死了。按照传统，应该是他的大儿子刘琦继位。可刘表和袁绍一样，不喜欢大的，喜欢小的，原因也一模一样，因为小儿子刘琮（cóng）长得帅，所以刘表选了刘琮做接班人。

刘琮不想把荆州让给刘备，又打不过曹操，权衡再三，就向曹操投降了。

就这样，曹操不费一兵一卒得了荆州，一时间威震天下。

不过，据了解，曹操此次南征，攻打刘表是假，收拾刘备才是真。当年他一时大意，放虎归山，后悔得不得了。所以这次刘备逃到哪儿，他就追到哪儿。

可怜的刘皇叔怎么也甩不掉曹操，还差点儿被曹操逮住，只好派军师诸葛亮前往江东，向孙权求援。

那么这一次，刘备能逃得出曹操的手掌心吗？

来自荆州的快报！

快马传书
KUAIMA CHUAN SHU

孙权为何不回信？

编辑老师：

您好。听说诸葛亮找孙权搬救兵去了，我心里有点儿不安。

这次南征，我并不想招惹孙权。毕竟，我和孙权的父亲孙坚一起讨伐过董卓，我也非常欣赏他的哥哥"江东小霸王"孙策。这两位都曾经是江东的英雄，是让我非常敬佩的人物。而且我和孙权都是大汉官员，没必要撕破脸。

前不久，我给孙权写了封信，说我带了八十万人马来南征（这个当然是吹牛），顺便想去他那边打打猎——我的本意呢，是希望他能帮个忙，把刘备这个猎物捉住。

可我等了许久，孙权一点儿回音都没有。这是怎么回事？我的信明明写得很友好啊！

曹操

丞相：

您太低估您的威慑力了！虽然您的信只有几十个字，却把江东所有人包括孙权都吓到了！

大家是这么想的，既然您的目标是统一天下，那等您收拾完刘备之后，会不会收拾江东呢？

现在江东分为两派，一派以文官张昭为首，主张向您投降；一派以武将周瑜为首，主张联合刘备，抵抗您这个"大奸雄"。

孙权就不用说了，一旦失去江东，他就无处可去。刘备无权无势，都敢跟您为敌，孙权兵精粮足，又怎么会甘心拜倒在您的脚下？

而且您别忘了，诸葛亮也在江东！在他的连番"炮轰"下，江东的"投降派"已经全部"阵亡"。现在，他们已经决定结盟，准备和您大战一场呢！

你们远道而来，水土不服，又不善于水战，赶紧做好准备啊！

编辑★穿穿
编辑部

嘻哈乐园

以后这一块是您的，这一块是刘皇叔的。咱们和曹操三分天下！

嗯，这样分不错。

反正都不是我的，想怎么分就怎么分！

龙虎风云

赤壁大战，曹军伤亡惨重

曹操等了两个月，等来的却是孙刘联盟的消息，气得跳脚，当即领兵沿着长江而下，准备把孙刘两家一锅端了。

走到赤壁（今湖北赤壁），迎面碰上周瑜率领的水军。

周瑜是帮助孙策打天下的大功臣，他认为曹操说的什么"八十万大军"，纯粹是吹牛，根本没把曹操放在眼里。

双方打了一仗，曹军果然因为水土不服，吃了败仗，被迫退到长江北岸。

因为曹军的士兵大都来自北方，不会水战。船要是遇到风浪，他们就跟着左摇右晃，连站都站不稳，更别说打仗了。曹操于是想了个办法，把所有的船都用铁索连起来，这才稳当了些。士兵走在船上像在陆地上一样，精神也好多了。

决战前夕，曹操收到一封信。写信的是孙权手下的老将黄盖，信上说，其实江东根本不是曹操的对手，并称自己前不久被周瑜打了一顿，心里委屈，愿意投降曹操。

曹操一打听，黄盖确实被周瑜狠狠地打了一顿，心里非常得意：哈哈，现在就连江东的老将都没信心了，这仗啊，肯定是我赢。为了预祝胜利，他还特地大摆宴席和将士们同乐。

这天晚上，江上果然出现了十几艘大船，向曹操的水寨急速驶来。后面还跟着好些小船，看起来好像是一群追兵。

曹军以为是黄盖来投降了，都伸长脖子在江边观望。

龙虎风云
LONGHU FENGYUN

他们哪里知道，这是黄盖和周瑜想出来的苦肉计，目的是通过假投降，接近曹营。他们的船上装满了油料、干草，用布幕裹着。等到船只快要靠近曹军的水寨时，黄盖命人将船上的油料全部点燃，自己则坐着后面的小船离开了。

偏偏这天刮的是东南风，着了火的船只借着风势，像火箭一般冲进曹军水寨。一瞬间，曹操的连环大船同时着了火，风助火势，越烧越旺，不一会儿便烧成了一片火海。曹军大营顿时大乱。

孙刘联军趁机杀了过去，曹军顾不上迎战，四下逃散，烧死的，淹死的，不计其数。曹操被打得无还手之力，只好率领残兵剩将仓皇逃走了。

百姓茶馆
BAIXING CHAGUAN

曹操败走华容道

江东王先生：呀，你们听说了吗？曹操从华容（今湖北省监利市北）小路逃走的时候，被关羽放走了！这个关羽，在曹营时总想着刘备，在刘营这边又向着曹操。什么忠义之士，分明是墙头草！

荆州李大爷：这都是谁瞎编的？曹操就连关羽的影子都没见到！倒是刘备赶过来了，只是晚了一步！听说曹操逃走的时候，开心得不得了，还笑着说："刘备确实是我的对手，只是动手慢了一点儿！"

许县某官员：他怎么笑得出来？他离开许县时，兵强马壮，几十万盔甲把大家的眼睛都闪瞎了！回来却是丢盔弃甲，如丧家之犬！要不是亲眼所见，我都不敢相信，这还是我当初送走的那支精兵吗？简直丢人！

曹营某小兵：可不，当时我们逃跑的时候，路上都是烂泥，根本没法走。他居然让老弱病残割草铺路，让骑兵通过，结果，很多人被踩死在烂泥里！这种人，怎么配拥有天下！

名人来了

MINGREN LAI LE

越越（简称越）大嘴记者

曹操（简称曹）特约嘉宾

嘉宾简介：现任大汉丞相。他一生打了无数胜仗，却在赤壁一战中由于骄傲轻敌，败在孙刘联军的手里。这一战，是他一生中遇到的最大的一次挫折，从此以后，他退回北方，再也无力统一天下。

越：丞相您好，咱们又见面了！那个……关于那个赤壁之战，方便谈谈吗？

曹：哈哈，没什么不能谈的！这次确实是我大意了，没想到南方冬天居然会刮东南风！

越：刮什么风倒是小问题，关键是，您好像不明白您到底要打谁，是打刘备呢，还是要打孙权？

曹：一开始，我的确只是想对付刘备。

越：如果主要是对付刘备，您完全可以在刘孙没有结盟之前把刘备干掉，可您却在江陵待了两个月，让刘备得了搬救兵的机会，这是为何？

曹：当时刚刚降服荆州，有太多的事要处理。

越：那也可以一边派人安抚荆州，一边派人去攻打刘备啊。

曹：我以为刘备那么一点人，早晚是我的。没想到孙刘两家会联盟啊！

越：这还不是您阵仗太大，把两家吓着了。要是拿出当初征战乌桓的头脑，说不定孙权会像公孙康那样，为了讨好您，把刘备的人头也给您送过来呢！

97

名人来了

曹：（突然黯然神伤）要是奉孝（指郭嘉）还在，我就算再老，也不至于落到如此地步。

越：您老今年贵庚？
曹：不瞒你说，老夫今年五十有四了！

越：哦，怪不得！孙权和诸葛亮两人加起来才五十五岁，周瑜三十四岁，最老的刘备也只有四十八岁，平均年龄才三十多岁。敢情这帮小伙子在合力欺负一个老人家啊！
曹：（叹气）时光催人老啊。现在老夫纵使想统一天下，也是心有余而力不足了！

越：那接下来，荆州这地儿您还打吗？
曹：不打了，暂时休息休息。

越：荆州是天下最大的两个州之一，位置又这么重要，您要不争，该是孙刘两家的了。
曹：哈哈，"一山不容二虎"，我只管"坐山观虎斗"就好了。

越：噢，您认为他们会打起来？

曹：呵呵，现如今，谁不想要荆州呢？

越：可我听说，刘备娶了孙权的妹妹，孙刘成了一家人。他们已经约定：荆州归孙权所有，但是可以借给刘备使用。现在整个荆州归刘备啦。

曹：（神色一凛）大耳贼果然狡猾！先前没有地盘，都敢和老夫作对，现在有了地盘，岂不更加张狂？

越：那您打算怎么办？
曹：头痛！我得再筹划筹划，采访就到这儿吧！（一边想一边走，渐渐远去）

广告小铺

求贤令

眼下，正是朝廷需要人才的时候。假如非得是孝顺、廉洁的人才可以任用，那齐桓公又怎能成为春秋第一霸主呢！现在天下还有没有像姜太公那样，穿着粗布衣裳、身怀真才实学，在渭水河畔钓鱼的人呢？有没有像陈平那样，被小人诬陷，还没有遇到伯乐的人呢？

你们应该帮助我发现和选拔那些地位低下的、被埋没的人才，只要有才能，就举荐上来，让我能够看到他们，任用他们啊！

曹操

让县自明本志令

现在天下还未安定，我还不能让位，更不能让出兵权。但封地可以退掉一些，把两万户的赋税还给朝廷，只享受一万户的赋税。希望这样可以稍稍减少别人对我的诽谤与指责吧！

曹操

处死孔融一家

太中大夫孔融，身为朝廷命官，名重一时，却多次蔑视国法，抨击朝政，戏弄丞相，在朝中造成了极其恶劣的影响。为防止孔融再次发表怪论，扰乱民心，现决定将他全家处死。

大汉朝廷

智者为王
ZHIZHE WEI WANG

第3关
智者无敌 王者为大

1. 官渡位于今天的什么地方？
2. 在官渡之战之前，曹操攻打了哪个地方，并在此战中活捉了关羽？
3. 官渡之战发生在哪一年？
4. 是谁杀死颜良帮曹操解了白马之围？
5. 官渡之战时，被曹操偷袭烧毁的袁绍的粮库在哪里？
6. 袁绍死后，他的儿子投奔了哪个少数民族部落？
7. 向曹操献上袁熙、袁尚人头的是哪位？
8. 跟随曹操出征乌桓，后在途中病死的是哪位谋士？
9. 被曹操杀死的名医是谁？他死后，曹操的哪个儿子病死了？
10. 曹操攻占邺城后，修建的高台叫什么名字？
11. 曹操南征之前，处死了哪位名士？
12. 孙策的绰号叫什么？
13. 赤壁之战发生在哪一年？
14. 在赤壁之战前夕，谁与周瑜演苦肉计假装投降曹操？
15. 赤壁大败后，曹操从哪里逃走了？

第10期

公元211年—公元217年

定关西 收汉中

曹操篇

穿越必读 CHUANYUE BIDU

赤壁之战后，曹操又进行了多次出征，都没有什么建树，甚至有的半途而废，无功而返。功劳没有以前多，但他的野心却比以前大了，在官场捞的好处也越来越多，封公、建国、称王，一件不落。

顺风快讯

关西十万将士叛变
——来自关西的快报

（本报讯）建安十六年（211年）春天，关西（今陕西中部）传来一个消息——当地的十个将领集结十万人马，起兵造反了！带头的，一个是原镇西将军马腾的儿子马超，另一个是镇南将军韩遂。

咦，马腾和韩遂不是已经归顺朝廷了吗？怎么又要造反了呢？据记者调查，这事啊，全是曹操给逼的。

原来，曹操在赤壁打了败仗后，觉得孙刘联军翅膀硬了，暂时奈何不了，休整了两年，决定捡个软柿子捏捏。挑来挑去，他挑中了汉中（今陕西南部）的张鲁。

按理说，这事跟关西没什么关系。坏就坏在，曹军若要进入汉中，必须先经过关西。若只是借个路，倒也罢了。可关西却得到消息，攻打汉中是曹操的一个幌子。曹操真正的目的，是替朝廷收拾关西这些不听话的将领。

马超、韩遂等人本来就有自己的小算盘，一紧张，就联合关西十部，反了！

来自关西的快报！

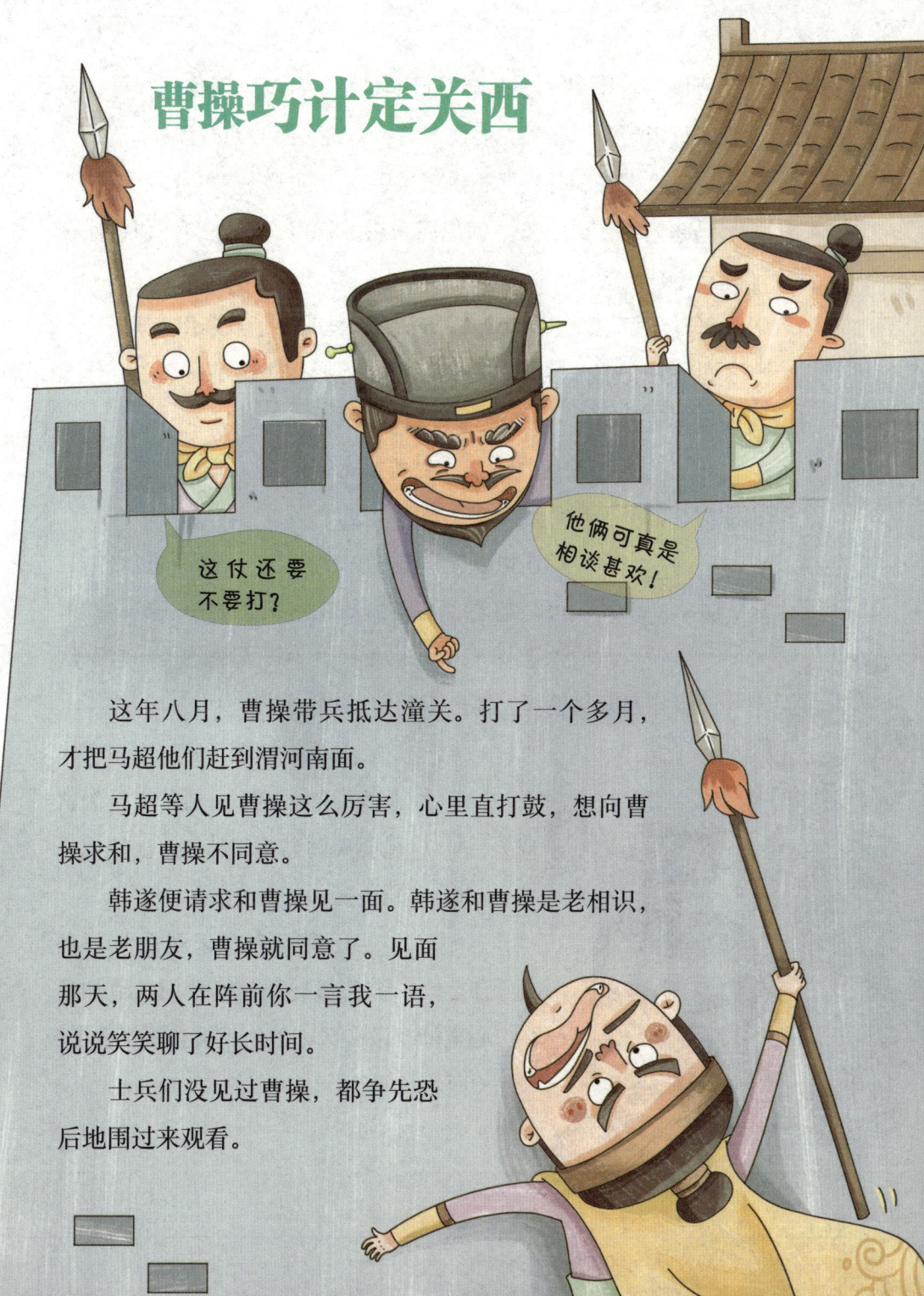

龙虎风云
LONGHU FENGYUN

曹操巧计定关西

这仗还要不要打？

他俩可真是相谈甚欢！

这年八月，曹操带兵抵达潼关。打了一个多月，才把马超他们赶到渭河南面。

马超等人见曹操这么厉害，心里直打鼓，想向曹操求和，曹操不同意。

韩遂便请求和曹操见一面。韩遂和曹操是老相识，也是老朋友，曹操就同意了。见面那天，两人在阵前你一言我一语，说说笑笑聊了好长时间。

士兵们没见过曹操，都争先恐后地围过来观看。

龙虎风云

曹操笑着说:"大家是想看曹操是吧?我呀,跟你们一样,并没有四只眼睛、两张嘴,要说多嘛,就是多了一点智谋!"

说完,曹操和韩遂互相拱了拱手,各回了各的军营。

马超内心十分不安,韩遂回来后,就跑去问他:"你和曹操聊了什么呀!"

韩遂无奈地说了一句:"没聊什么,就是聊了点陈年往事。"

韩遂说的是事实。可马超不信,他心想:谈了这么久,什么都没谈?骗鬼呢!

过了几天,韩遂收到了一封曹操寄来的信,打开一看——上面涂涂抹抹,圈圈点点,似乎被人改过。

韩遂想:莫非曹操搞错了,寄了个草稿过来?

可马超看了那信,却是这么想的——哼,把信改成这个样子,莫非在打见不得人的暗号?这家伙肯定是勾结曹操,要出卖我们!

他哪里知道,其实呀,曹操是故意整了这么一封信,目的就是要离间马超和韩遂,让他们互相猜疑。

马超等人本来就是一帮乌合之众,被曹操耍了这么两回,更加离心离德。没多久,他们就被曹军打败了,关西就此平定。

刘皇叔得益州，"多亏"曹丞相

马超被打败后，投奔益州的刘皇叔去了。

咦，刘皇叔不是在荆州吗？什么时候跑到益州去了？这事还"多亏"曹操呢。

当年，曹操不费吹灰之力拿下荆州，名动天下。益州牧刘璋也派了个叫张松的谋士去巴结他。

可曹操那时正得意，见张松长得又矮又丑，说的家乡话又听不懂，就不怎么搭理他，更别说给他封官了。

张松的自尊心受到了一万点暴击，他回到益州就在刘璋耳边说曹操的坏话，建议刘璋与曹操断绝来往，和刘备交朋友。

后来，曹操在赤壁被孙刘联军打败了。刘璋觉得刘备确实有两把刷子，就派张松的好朋友法正前往荆州。

法正和张松一样，也很有学问，却一直没被重用，又觉得跟着刘璋这个窝囊废没什么出息，一肚子牢骚。

见过刘备后，他就和张松商量说："刘备这人是个做大事的，干脆我们做内应，帮他拿下益州算了。"

刘备听说还有这好事，乐了——益州土地肥沃，被称作"天府之国"，这不是老天爷要送地盘给我吗？

在张松和法正的帮助下，刘备很快将刘璋赶出益州，坐上了益州牧的位置。

要是曹操知道，自己当初一个小小的举动，竟然让刘备白白地捡了个便宜，改变了天下大势，估计会气得吐血吧！

快马传书
KUAIMA CHUAN SHU

"得陇",为何不"望蜀"?

编辑老师:

　　您好。最近,汉中的张鲁向我们投降了,大家都很高兴。

　　当年光武帝刘秀曾说"得陇望蜀",意指得寸进尺,不断扩张。

　　我觉得,刘备把刘璋骗了才得了益州,现在益州人对刘备并不是真正归附,正是攻打刘备的好机会。如果我们能乘胜追击,益州一定会土崩瓦解。若是现在不打,等刘备翅膀硬了,再攻打就难了。

　　丞相却说:"人啊,不能不知足,得了陇地,就不要望着蜀地了吧!"

　　嗯,丞相不是要一统天下吗?怎么现在却连个小小的蜀地都不敢攻打了呢?

司马懿

司马大人:

　　听说您一向很聪明,怎么现在却犯糊涂了呢?

　　首先,蜀地的山路异常艰险,"蜀道难,难于上青天"。魏地跟蜀地相距又那么远,万一后方的补给供应不及时,魏军岂不是白白送死?

　　其次,刘备的实力已今非昔比。孙刘联盟虽然因为争夺荆州,闹了点矛盾,但还没有彻底决裂。如果真的与刘备大打出手,孙权一定不会袖手旁观。若是再次败在他们手下,丞相的面子往哪儿搁呢?

　　嗯,连我都能想到的问题,您这样的聪明人却没想到,您该不会是别有用心吧?哈哈……

编辑★穿穿

曹操占据汉中后,留下重兵镇守,自己班师回朝了。

捉刀人才是真英雄

建安二十一年（216年）五月，曹操被汉献帝封为魏王。南匈奴的单于于是派使者前来朝见，想跟曹操拉拉关系。

曹操担心自己长得不够威猛，会丢了中原大国的气派，就把崔琰（yǎn）召来当替身。

崔琰长得高大魁梧，还留了一把四尺长的漂亮胡子，把魏王的礼服一穿，风度翩翩。曹操看了十分满意，但又想看看使者的反应，就穿上侍卫的衣服，拿着刀，站在崔琰旁边。

接见完毕之后，曹操派人问使者："你觉得魏王如何呀？"

使者回答："魏王气宇轩昂，气度不凡。不过，他旁边拿刀的那个侍卫，才是真正的英雄啊！"

曹操听了，一开始觉得这使者挺有眼光，得意扬扬，没一会儿，心里犯起了嘀咕：

"要是这人回去说，魏王不过如此，还不如手下一个捉刀的侍卫，那不是有损大汉和本王的形象吗？

"嗯，这人是不是已经知道我的底细，有意说给我听的？

"要是他已经看出谁是真正的曹操了，这么聪明的人，绝对不能留给匈奴！"

曹操越想越不放心，就派人追上去，把匈奴使者杀了。

百姓茶馆

从魏公到魏王

许县王掌柜： 别看曹操每次出征战果不怎么样，但他每次出征回来就会升一次官，又是封魏公，加九锡，又是封魏王，上朝时见天子还可以正大光明地佩剑，出入都是天子的规格……啧啧，这官再升下去，恐怕是要当皇帝了！

许县某官员： 你们怎么这么说呢？丞相在外面为我们出生入死，浴血奋战，这一切都是他该得的。咱们在后面吃香的喝辣的，还这么说他的坏话，未免太过分了！

许县王大妈： 他是为我们出征吗？恐怕是为他自己吧！死的是我们的丈夫和儿子，好处却是他一个人得了，跟我们可没半毛钱关系！

许县某侍卫： 你们这么说对丞相不公平。每当陛下要给丞相加官晋爵增加封地的时候，他总是百般推辞，光是推辞魏公的封号，他就谦让了三次。大家说他这是不尊重皇上，他才勉强接受的！

江东某官员： 推辞？哈哈，死汉贼，他只是演戏给大家看而已，最后还不是屁颠屁颠地坐上去了！别看他装出一副大忠臣的样子，再这样下去，这皇帝宝座该轮到他坐了！

嘻哈乐园

当魏公?不敢当!不敢当!

加九锡?不敢当!不敢当!

当魏王?不敢当!不敢当!

那就别当了吧。

哎,等等……

其实,我是想当天子!

名人来了
MINGREN LAI LE

越越（简称越）大嘴记者

汉献帝刘协（简称协）特约嘉宾

嘉宾简介：东汉最后一位皇帝，他一直想复兴汉室，却始终没有成功。表面上看，他和曹操的关系十分和谐，实际上，他只是一个提线木偶，一个大汉王朝还没有灭亡的象征。

越：陛下，近来可好？

协：（警惕）好，当然好。是魏王派你来的吗？

越：当然不是，陛下请放心。

协：（松了一口气）哦，那就好。

越：陛下身为大汉皇帝，为何这么怕魏王？

协：（黯然一笑）朕现在这样子，算哪门子皇帝？你不觉得比起朕来，魏王更有皇帝的派头吗？

越：虽然魏王已经是一人之下万人之上，但离皇帝还有点儿差距吧？

协：呵呵，他现在坐的是天子的专车，穿的是天子的服饰，跟真正的天子又有什么区别？

越：啊，一介臣子居然使用天子的规格，那不是僭（jiàn）越吗？

协：僭越又如何？哪个敢说？哪个会说？自从衣带诏事件之后，朕身边一个值得托付的人也没有。前不久，就连伏皇后也被他逼死了！（抹眼泪）

越：这事皇后也太不小心了，她想让父亲帮忙除掉曹操，怎

名人来了

协：么不把书信藏好呢？这宫里可到处都是曹操的耳目啊！

协：（伤心）唉，她被曹操抓走的时候，哭着喊着要朕救她。可朕也是泥菩萨过江——自身难保，哪有什么能力保住她？你说，天下还有比这更荒唐的事吗？堂堂天子连自己的妻子都保护不了！

越：文武百官呢，没人为陛下说话吗？

协：呵，他们？他们大多是曹操一手提拔上来的，巴不得曹操当皇帝，哪里还会顾我的死活！

越：陛下别这么说，据我所知，朝中还有很多人拥护您。比如荀彧，他就一直反对曹操当皇帝。

协：唉，别提了。因为这事，曹操几次三番为难人家。荀彧生病时，他送人家一个空盒子，让人家"自采（裁）"，唉。

越：难道……他真的想当皇帝？

协：唉，他要是想要这个皇位，就拿去吧，我早就坐腻了！

越：您真这么想？不反抗了？

协：反抗什么？每一次反抗，只会连累更多无辜的人为我而死。

越：您恨他吗？

协：恨他？若没有他，我连个乞丐都不如！我不恨他，我只恨自己，恨自己生不逢时，恨自己无能！

越：唉，形势是这样，陛下也不用自责。其实不用操心国事也好，有时间可以做点自己感兴趣的事。陛下闲暇时间都做些什么呢？

协：不过是翻翻医书，学学医术罢了。

越：那挺好，说不定以后能派上用场呢！

协：真的吗？比起那深宫大院的显位，我更想做一名山野医生，替百姓治病，为百姓分忧。

越：有梦想总是好的，小民祝陛下心想事成！

111

广告小铺

立曹节为皇后

皇后伏寿，入宫二十四年来，既没有美好的德行，又不能安守自己的本分，不配母仪天下，就此废除。但六宫不可无主，贵人曹节（曹操之女）自入宫以来，温良贤淑，端庄静美，皇后之位就封给她吧。

刘协

注：曹操有三个女儿被送入宫中做汉献帝的妃子。

赐曹操特权

曹操打败关西的马超和韩遂，为朝廷立下汗马功劳。

从今以后，曹操可以和汉初的丞相萧何一样，享有以下特权：和陛下说话时，可以不说自己的名字；入朝的时候可以慢慢走；还可以佩带宝剑上朝。这是朕能给予丞相最大的优待了。

刘协

将十四州并为九州

为方便朝廷管理，现依照古代的制度，将十四州合并为冀、青、徐、兖、豫、雍、荆、益、扬九州，其中幽州、并州并入冀州，司州、凉州并入雍州，交州分割为两部分，分别并入益州和扬州。

曹操

封张鲁为镇南将军

汉中的张鲁悬崖勒马，及时归顺朝廷，虽吃了败仗，但仍记得保护国家财产。为表彰他的忠心，现任命他为镇南将军。

曹操

第11期

公元217年—公元219年

最后的战争

曹操智

穿越必读 CHUANYUE BIDU

六十多岁的曹操与刘备争夺汉中失利，不得不放弃汉中。刘备得势不饶人，派关羽攻打樊城。曹操运筹帷幄，利用孙权的力量消灭关羽，保卫了襄、樊两地。三国鼎立的局面初步形成。

顺风快讯
SHUNFENG KUAIXUN

该让谁当接班人
——来自许县的秘密快报

（本报讯）建安二十二年（217年），魏王曹操已经六十三岁了，他的身体越来越差，那么，谁来当他的接班人呢？大家都很关心这个问题。

魏王有二十五个儿子，老大曹昂很早战死，有资格接班的主要有三人：老二曹丕、老三曹彰以及老四曹植。

三人都是嫡子，又都有能力。曹丕文武双全；曹彰不爱王位爱战马；曹植很小就会写文章，是个文艺青年。

按传统，应该立曹丕当接班人，可曹操很喜欢曹植，觉得他有自己年轻时的风采，所以左右为难。

有一天，曹操想得实在头痛，就去向贾诩请教。

贾诩听了，半天没说一句话。

曹操急了，问："你在想什么呢？"

贾诩这才慢悠悠地说："我在想袁绍父子和刘表父子的事儿。"

曹操一听，哈哈大笑。当初袁绍和刘表都不立长子立幼子，结果引发窝里斗，没一个有好下场。贾诩的意思再明显不过了。

没多久，曹操就立曹丕为太子了。

百姓茶馆

BAIXING CHAGUAN

说说立太子的那些事儿

> 我真搞不懂，为什么立曹丕当太子？我们的曹植曹公子聪明伶俐，又才高八斗，当今世上，除了他爹，还有谁比他更有才华？

曹植的粉丝 贺小姐

> 曹丕能装啊。那年魏王殿下出征，曹植写了一篇文章替父送行，写得文采飞扬，令人叫绝。曹丕知道自己写不过弟弟，也不费那劲儿，只用了一招——哭！就把魏王殿下都弄哭了，效果呀，比写文章好多了！

铜雀台某侍者

> 你以为曹丕愿意装？想当年，他也曾是一个潇洒任性的大才子！但这选世子，又不是看谁的文章写得好！为了当皇帝，暂时忍一忍，装一装，有何不可？他老子不也是在朝廷装了一辈子？这就叫有其父必有其子！

王公子

> 曹植那孩子吧，也不争气，做事不讲规矩就算了，还爱喝酒。有一次他爹派他去打仗，结果他醉得跟摊烂泥似的，可把他爹气坏了（有人插嘴："听说是曹丕把他灌醉的！"）。那曹丕就好多了，又老实又聪明，我要是他爹，我也选他！

老街王老爹

曹丞相的"鸡肋"

建安二十四年（219年）春天，汉中传来一个消息——刘备率军攻占定军山，镇守定军山的大将夏侯渊被人一刀劈死了！

夏侯渊是曹操的发小和亲信，对曹操一向忠心耿耿。曹操知道后，非常伤心，立刻带领大军，再次扑向汉中。

可是，刘备占据了各个山头，光是山上滚下来的石头就能把魏军砸死。曹操无计可施，只能看着山头干瞪眼。

眼看天气越来越热，军中的粮食却越来越少，过了一个月，有的士兵扛不住，偷偷地投奔刘备去了。

这天晚上，一个侍从给曹操端上来一碗鸡汤。这时，传令官来了，问曹操发什么口令。

曹操正好夹到一块鸡肋，随口说了一句："鸡肋啊鸡肋！"

将士们听到这个口令，都莫名其妙。只有行军主簿（即参谋）杨修忙着收拾包袱，准备回家。

众人大吃一惊，问他什么意思。

他笑着说："鸡肋，食之无味，弃之可惜。这汉中在魏王眼里，已经成了鸡肋，意思不就是要撤军吗？"

不久，曹操果然宣布撤军，带兵回了长安。

两个月后，刘备在手下的拥护下，自己封自己为汉中王了。

杨修之死

曹操回到洛阳不久，把杨修杀了。理由是杨修在汉中一战中泄露军事机密，扰乱军心。真的是这样吗？

记者经过一番调查，发现事情并没有那么简单。

杨修从小就聪明伶俐。有一次，曹操令人造了一座小花园。完工之后，曹操前去验收，不说好，也不说不好，只是用笔在门上写了个"活"字，就走了。

众人不知道这是什么意思，只有杨修说："门内加一个'活'字，是个'阔'字，丞相这是嫌门太大啦。"

众人恍然大悟，于是把门改小了点，又请曹操去验收。

曹操看了，大喜："是谁猜中了我的心意？"

众人回答说："是杨主簿。"曹操于是夸赞了杨修几句。

又有一次，有人送给曹操一盒酥糖。曹操在盒上写了"一合酥"三个字，传到下边。大家都不明白什么意思。

传到杨修那里，杨修吃了一口，说："丞相这是让我们'一人一口'啊，怎么能违背呢？"

曹操听了，表面没说什么，心里却有点讨厌他了。

曹植和曹丕争夺太子之位时，杨修为曹植出谋划策。曹操每次考验曹植，曹植都能顺利通过，好几次都差点做了太子。

曹操知道后，觉得杨修这个人太可怕了，简直就是自己肚子里的蛔虫，以后说不定会唆使曹植对付太子曹丕，就把他杀了。

龙虎风云

于禁还不如庞德

刘备当上汉中王后，镇守荆州的关羽为了立功，向樊城发起进攻。曹操于是令于禁、庞德率领七路人马前去增援，驻扎在樊城北边的平地上。

谁知天公不作美，樊城下了一场大雨，汉水暴涨，七路人马的军营全部被淹。混乱中，于禁被关羽的水军团团包围，无路可退，举手投降。

庞德却和关羽从早上一直打到中午，射完了箭，又抽出短刀，说："良将不会因为怕死而逃命，今天就是我死的日子！"

然而，水位越涨越高，关羽的进攻更加猛烈，魏军乱成一锅粥。庞德趁乱坐上一艘小船，谁知船没划两下，就被一个浪头掀翻掉进水里，被人活捉。

庞德原来是马超的部将，他的堂哥也在汉中当官，关羽就劝他说："不如你也来做我的将军算了。"

庞德听了，破口大骂："刘备算什么东西！我们魏王雄兵百万，威震天下！我宁可做国家的鬼，也不做你们的将军！"

关羽只好把庞德杀了。

曹操得到消息后，不由悲叹说："我认识于禁三十多年，没想到，真正面临危险时，他还不如一个跟了我四年的庞德啊！"

快马传书

KUAIMA CHUAN SHU

要不要联合孙权？

编辑老师：

　　你好。樊城一战，我们的七路人马都被关羽消灭了。现在，我们的情况糟糕透了。不少人起兵响应关羽，想借这个机会把我除掉。朝中百官都很惊慌，我也想把都城迁到别的地方去，暂时避避风头。

　　但司马懿他们却说，于禁他们是因为被水淹了才投降，并不是真正打了败仗。要是迁都的话，反而会让人以为我们怕了关羽。别看孙刘联盟表面很好，暗地里可不一定。这次关羽这么神气，孙权肯定也不高兴。如果趁这个机会去游说孙权，让他帮我们夹击关羽，樊城就可以保住了。

　　我觉得这个主意不错，但孙刘联盟已久，他会答应吗？

曹操

魏王：

　　您好。司马大人说得对，孙刘表面是好兄弟，实际心里早就结了疙瘩。

　　孙权曾经想联合刘备一起攻打益州，刘备表面拒绝，背地里却独自占了益州。而刘备"借"了荆州后，一直赖着不还，直到听到您要进攻汉中的消息，才同意将荆州一分为二。孙权想要的是整个荆州，却只得了半个，心里早就不爽了。

　　现在关羽这么威风，不只是您不乐意，孙权也不乐意。如果您答应事成之后，把整个荆州让给他管，这事肯定一谈一个准，哈哈！

龙虎风云

曹孙联手除关羽

孙权收到曹操的信后，二话没说就答应了。

原来，孙权以前想拉拢关羽，派人去向他提亲，希望他把女儿嫁给自己的儿子。谁知关羽骄傲自大，不仅一口拒绝，还把孙权羞辱了一顿，说出了"吾虎女岂配犬子"的话。

因为这事，孙权一直对关羽怀恨在心。

不过，孙权有一个条件：打关羽没问题，但这件事曹方必须保密。

曹操问部下，大家都说，这事没的说，当然要保密。

董昭却说，这事必须要让关羽和曹仁知道。因为曹仁知道事情有救，必定信心大增。而关羽知道后，说不定会掉头和孙权打起来，这样樊城之围就可以解了。

曹操听了觉得有道理，命人把孙权的回信抄了很多份，用箭分别射进曹仁和关羽的大营，把孙权要偷袭江陵的事散播了出去。

果然，曹军知道后，士气大增。关羽却为难了，撤吧，樊城这块肥肉都到嘴边了；不撤吧，后背就要挨刀了。

这么一犹豫，派来救援的魏军趁机发起进攻，还宣布："得关

龙虎风云

羽人头者，赏黄金千两。"结果，关羽被打得落花流水，不得不撤离樊城。

与此同时，孙权的大将吕蒙将兵船伪装成货船，让士兵扮成商人，神不知鬼不觉地连夜渡江，攻下了江陵。

樊城没打下来，江陵却被人占了。关羽气得要死，立即率军往回赶。可是已经来不及了，这时整个荆州都已经姓孙了。

关羽走投无路，准备逃到麦城（今湖北省当阳市东南）。一些士兵不愿意跟他跑，半路上逃跑了。

吕蒙算好了他逃跑的路线，事先派兵在麦城设下埋伏，把关羽活捉了。孙权派使者劝关羽投降，关羽不肯，还破口大骂。孙权大怒，下令把他杀了。

孙权夺了荆州，怕刘备找他算账，就把关羽的人头献给了曹操。

曹操欣赏关羽的忠义，命人用木头按照他的身材刻了个身体，和那人头连在一起，以诸侯之礼，体体面面地将他埋了。

嘻哈乐园

XIHA LEYUAN

小子，以后咱俩一起玩吧！

可以，不过你要替我保密！

没问题！

嘿嘿，保密不保密还不是我说了算！

名人来了

越越（简称越）大嘴记者

曹操（简称曹）特约嘉宾

嘉宾简介：他从一介武夫，一路加官晋爵，到现在已经是大权独揽的魏王。虽然没有皇帝的称号，但实际上他的权力已经跟皇帝没有什么区别。为了巩固自己的权势地位，他一面唯才是举，选贤任能，一面却又大肆打击那些反对他、阻碍他称王称霸的人。

越：魏王，听说您最近又下了一道求贤令？

曹：嗯，这已经是第三次了。怎么，小记者有兴趣？

越：有点儿，但是小民恐怕还达不到"贤能"的标准。

曹：怎么，你像汉初的陈平一样行为不端？贪污受贿？

越：那倒没有。

曹：那是像战国的吴起那样，为了做将军，把自己的妻子也杀了？

越：（连连摆手）小人哪有这个胆！

曹：你要真是陈平、吴起那样的人，那本王是求之不得啊！

越：啊！这种德行的人您也要？

曹：普天之下，既有德行又有才能的人是很少的。很多人才就是因为出身低微、名声不好，被埋没了。

越：不计较出身，我能理解，可不计较品行，不太合适吧？

曹：有的人品行不好，但在关键时刻却可以救你的命。这种人就像家里养的狗，会偷东西吃，但是也会保护主人的粮仓。

123

名人来了

越：这比方打得……
曹：总之，一个人只要有才能，不管他孝不孝，廉不廉，哪怕是小兵、俘虏，本王也照用不误！

越：本人虽然不赞同您的观点，但誓死捍卫您说话的权利！
曹：小记者别误会，要是一个人既有才又有德，那就更好不过啦！而且我身边德才兼备的人也不少。比如毛玠，他为官清廉，帮我选拔了不少人才。

越：那崔琰也是德才兼备，您为什么让人剃去他的头发，在他脸上刺上黑字，把好好的一个帅哥给整残了呢？
曹：（脸一沉）此人仗着自己会玩弄几个文字，对本王很不恭敬，这点处罚算是轻的！

越：他哪里对您不恭敬了？您一路封魏公、晋魏王，他都没有反对啊！
曹：哼，明着不反对，心里肯定在讥笑本王。

越：您又不是他肚里的蛔虫，怎么知道他心里怎么想的呢！
曹：哼，凡是反对我的，都不是什么好东西！暗中反对也不行！

越：那支持您的，像司马懿，就一定是好东西喽？
曹：那是自然，他连我当皇帝都不会反对。只是这人看面相不是个善茬，本王总瞧着不太舒服。

越：那您打算什么时候对他动手？
曹：唉，他现在是丕儿的人，做事又勤勤恳恳，挑不出一丝错儿，不好办啊！

越：（欲言又止）……
曹：你想说什么？

越：（连连摆手）没什么，今天的采访就到这里吧。再见！

广告小铺

关于处死

魏讽等人的通告

我军将士在前线奋勇作战，西曹掾魏讽却在后方蛊惑人心，企图联合关羽，发动武装叛乱。幸好被曹丕发觉，及时领兵镇压。现将魏讽等人统统处死，以儆效尤。

曹操

封赏匈奴

这几年，南匈奴对我大汉一直忠心耿耿。这次朝拜，匈奴单于愿意留在大汉，忠心可嘉。为免南匈奴群龙无首，现特将南匈奴分为左、右、前、后、中五部，由右贤王负责管理。

望南匈奴与我大汉永结同心，共修友好。

大汉朝廷

用米皮做军粮

这些天阴雨连绵，河水暴涨，我军的军粮因被水浸泡无法运走。为了不让贵重的大米白白浪费，我们的厨师发明了一种新食物：将大米磨成浓浓的米浆，加上适量的水，放在竹笼里蒸成薄皮，切成条状，加入盐、醋等调料（即"米皮"）。

不知是否合大家的口味，请大家跟我们反馈一下，要是喜欢的话，就把它列为军粮，给大家安排上。

大汉军营

第12期

公元219年—公元220年

烈士暮年

穿越必读 CHUANYUE BIDU

晚年的曹操虽然不是皇帝,但权倾朝野,几乎掌握了皇帝所有的权力。即便如此,他也没有给自己冠上皇帝的名号,还是以丞相及魏王的身份,走完了自己的一生。最终,取代汉朝的是他的儿子曹丕。

顺风快讯

曹操要做周文王
——来自洛阳的快讯

（本报讯）孙权"投靠"朝廷后，给曹操写了一封信，劝曹操早点当皇帝，他好向曹操名正言顺地称臣、上贡。

曹操看了信后，乐了，把信递给身边的心腹大臣，说："孙权这小子，是想把老夫放到火炉上烤啊。"

属下不明白，也纷纷劝他称帝。

这个说，大汉现在只是空留一个名义，实际上已经失去了对地方的控制力，取而代之，没有什么不可以的！

那个说，自古以来，能够为民除害，众望所归的人，就是万民之主。您不就是这样的人吗？这是老天爷的意思，也是民心所向，您还犹豫什么呢？

曹操一听，又乐了，他慢悠悠地说："如果上天真有这个意思，那我就做周文王好了。"

我们知道，周文王在商朝快完了的时候，还是商朝的臣子。消灭商朝的，是他的儿子周武王。那么，曹操的意思是，让他的儿子去完成这个使命吗？

来自洛阳的快讯！

百姓茶馆
BAIXING CHAGUAN

曹操为什么不当皇帝？

李老板： 奇了怪了！当皇帝是好事啊，曹操为什么不当？那孙权明明是他的死对头，他自己也想当皇帝，为什么还巴不得曹操称帝呢？

王屠夫： 这你就不明白了吧？汉室虽然衰落，毕竟还是正统王朝，皇帝也还在位。曹操如果称帝，就是谋权篡位，他就是"汉贼"。到时候，天下豪杰就会结成统一战线，一起来讨伐他。曹操现在连孙权、刘备都奈何不得，怎么敢得罪这么多人呢？所以，曹操才会说孙权想把他放到火炉上烤啊！

张掌柜： 曹操现在虽然不是皇帝，代表的却是"皇帝"，是"朝廷"，做什么事都名正言顺，不是皇帝胜似皇帝。刘备和孙权再嚣张，也只是"地方"。但如果曹操称了帝，他们就会屁颠屁颠地跟在后面称帝，和曹操排排坐。曹操多精明的人呀，怎么会干这种傻事呢？

路人甲： 曹操年轻的时候就认为废掉天子是件不吉利的事，现在年纪大了，身体又不好，能活多久都不知道，何必触这霉头？再说了，他曾经口口声声说自己绝对不会代汉自立，如果现在称帝，不就是自己打自己脸吗？

一份平凡的遗嘱

建安二十五年（220年）正月二十三日，魏王病逝了，终年六十六岁。

临终前，魏王留下一份遗嘱。遗嘱是这么写的：

"现在天下还没有安定，我的丧事就不要大操大办了，衣服用我平时穿的礼服就好了，千万不要在坟里放什么金银珍宝。文武百官来吊唁时，哭十五声就行了，不要搞那些繁文缛节。在各地驻守的将士，就不要回来了，好好保家卫国吧。

"我的那些婢妾和歌女平时也很辛苦，以后就住到铜雀台吧，不要亏待她们。剩下的那些熏香分给各位夫人，不要用来祭祀，以免浪费。各房的人如果闲着没事做，可以自己做点衣服和鞋子卖，挣点家用。我的那些旧衣服，你们好好弄间房子保存，实在装不下，就分给孩子们吧。

"我的坟墓上不要堆土，也不要植树，把我随便葬个地方就可以了。记得要常常来看我，要是嫌路太远，就站到铜雀台上，跟我打个招呼就行了，估计我也看得见。"

和很多大人物的遗嘱比起来，这份短短的遗嘱，是不是显得像百姓人家一样普通、平凡呢？也许这正是曹操的可敬之处吧！

曹操死后，曹丕继承父亲的官位，当了魏王和丞相。

嘻哈乐园 XIHA LEYUAN

爹，你不要死！

我死后……

爹，知道了！

嘿嘿，王位是我的啦！

龙虎风云

贤良淑德的卞夫人

在曹操的一生中,有一个人不得不提,那就是他的王后卞夫人。

卞夫人和曹操不一样,她从小四处漂泊,靠卖艺为生。因为能歌善舞,二十岁时被酷爱音律的曹操看中,纳为小妾。

在她之前,曹操已经娶了两位夫人。正室丁夫人因为养子曹昂在一次战乱中身亡,怪罪曹操,一赌气回了娘家,怎么劝都劝不回,曹操就将卞夫人扶了正。

丁夫人做正室时,常常对卞夫人百般刁难。卞夫人被扶正后,非但不记恨,还常常把丁夫人接回府中,以正室之礼相待,自己还像从前一样侍候,让丁夫人十分感动。

曹操的夫人众多,孩子也很多。生母死得早的孩子,卞夫人不但亲自抚养,而且视如己出,令曹操十分欣慰。

龙虎风云

和曹操一样,卞夫人也非常节俭,平日里吃的是粗茶淡饭,穿的是粗布衣裳,不镶边也不绣花,虽然天生丽质,却从不施粉黛,帷帐、坐垫等也都是缝缝补补,用了一年又一年。

有一次,曹操得了几副精美的耳环,让卞夫人先挑,卞夫人选了一副中等档次的。曹操很奇怪,问她为什么。

卞夫人回答:"选最好的,是贪心;选最差的,是虚伪。所以我选个中等的就可以了。"

在这两口子的影响下,曹府甚至整个朝廷都形成了朴素节约的风气。

除此之外,卞夫人还生养了几个好儿子。在那"母凭子贵"的年代里,她从不因此骄傲自得。曹丕和曹植争夺王位时,她更是不闻不问,也不发表任何言论。

曹丕被立为太子后,有人向她道喜,让她发红包。

她淡淡地说:"丕儿能被立为太子,是因为他是长子,也有才干。我做母亲的,没把孩子教坏就已经是万幸了,有什么值得庆贺的呢。"

曹操听了,满意地说:"生气时也不发怒,得意时也不忘形,这真是太难得了啊!"

正因为卞夫人将家中大小事务打理得井井有条,曹操这才能够没有后顾之忧,全身心地投入争夺天下的霸业当中。

这个出身低微的女子,不仅赢得了曹操的尊重,成为魏王后,还在曹丕称帝后被尊为皇太后。

快马传书
KUAIMA CHUAN SHU

皇帝真的是主动让位吗？

编辑老师：

　　您好。虽说大家都知道，大汉的气数已尽，汉朝迟早会成为曹家的。但谁也没想到，这还不到一年的工夫，曹丕就把陛下踢开了！

　　那曹丕还假惺惺地说，他也不想当皇帝，可陛下一而再再而三地请求禅让，他推托数次，实在推托不了，才勉强答应。据说曹丕登基那天，陛下和大臣们还都感动得哭了！

　　唉，陛下真的这么没骨气，把大汉四百多年的江山让出去了吗？我不信！

——一位忠心的大汉子民

这位忠心的大汉子民：

　　您好。其实只要稍稍分析一下，就可以发现真相了——

　　如果是主动让位，刘协怎么会带领大臣们在朝堂上哭哭啼啼呢？如果是主动让位，曹丕的妹妹，也就是皇后曹节又怎么会把玉玺掷在地上，将她哥哥骂得狗血淋头呢？

　　不过，自古以来，每一次王权更替，伴随的都是血雨腥风、刀光剑影。每一个篡权夺位的人，都被称作乱臣贼子。"禅位"之举，既能让两个天子成为尧舜一样的明君，又可以让百姓不流一滴血获得太平，也算是件好事吧！

　　曹丕称帝后，追尊曹操为武皇帝（庙号太祖），定都洛阳，国号"魏"，史称曹魏。公元221年，刘备称帝，定都成都，史称蜀汉。公元229年，孙权在武昌称帝，不久将都城迁至建业（今江苏南京），国号"吴"，史称东吴。至此，三国鼎立的局面正式形成。

名人来了
MINGREN LAI LE

越越（简称越）大嘴记者

魏文帝曹丕（简称丕）特约嘉宾

嘉宾简介：曹魏的开国皇帝。从魏太子到皇帝，似乎幸运之神一直眷顾着他，就连文学史上他也留下了光辉的一笔，他与父亲曹操、弟弟曹植并称为"三曹"。然而，人们对他的评价并不高，这是为什么呢？

越：陛下，看您气色这么好，心情一定不错吧。

丕：嘿嘿，那当然了，忍了这么多年，好不容易守得云开见月明，能不高兴吗？

越：好吧。那您的弟弟曹植应该不太高兴了吧？

丕：（变脸）有什么不高兴的，他现在好歹也是个王。

越：可我听说您派人监视他，不准他乱跑。

丕：那又怎样？

越：好吧，不怎样。那您另一个弟弟曹彰呢？

丕：（突然抹眼泪）三弟已经死了。

越：怎么死的？

丕：不知道，我好心好意请他吃枣子，他突然就死了。

越：不会是那枣子有毒吧？

丕：放肆！这种话也能乱说的吗？（目露凶光）

越：……那咱换个话题。接下来陛下有什么打算？

丕：当然是继承父王的遗愿，将曹家的事业发扬光大啊！

名人来了

越：听说您在朝中实行了一个新的选官制度，叫九品中正制。请问"中正"是什么意思呢？

丕：以前民间不是流行品评人物吗？现在这个事由朝廷来做。负责品评人物、招揽人才的官员就叫"中正"。中正就是"公平"的意思。

越：那什么叫"九品"呢？

丕：中正把这些人才，根据家世、品行、才能等，分为"上上、上中、上下、中上、中中、中下、下上、下中、下下"这九个品级，就叫"九品"。品级越高的，越能得到重用。

越：根据家世、品行和才能等来划分？那就是说，家世还是很重要？那还是不够"中正"啊！

丕：我能当这个皇帝，全靠这些世家大族支持，这算是我给他们的一种回报吧！

越：哦，那恐怕你爹要失望了。

丕：为何？

越：你爹提倡不拘一格降人才，唯才是举，他一辈子都在跟那些士族名流唱反调，你跟他完全是反着来啊！

丕：唉，他要像我一样，顺着他们，多给他们点甜头，说不定早当皇帝了！现在这样多好，他们满意，我也满意，大家都满意！

越：唉，可惜你爹折腾了半天，这天下还是世族大家的天下！寒门子弟恐怕难有出头之日了。

丕：小记者多虑了，这天下不会永远是谁的天下！不会永远是刘家的天下，也不会永远是我曹家的天下，哈哈……

越：说不定还是司马家的天下……

丕：哈哈，有可能。想那么多干吗！走，咱们一起喝酒去！

　　曹丕去世后，大权落入司马懿父子手中。晋泰始二年（266年），司马懿之孙司马炎篡位，改国号为晋，曹魏就此灭亡。

广告小铺

重修洛阳皇宫

前不久，魏王回到洛阳，参观了当年的皇宫。皇宫到处都是残垣断壁，不复当年的气派。魏王痛心之至，决定把皇宫重新整修一遍。现特招募工匠若干名，欢迎大家积极报名。

皇宫重建中心

出售"三曹"合集

"三曹"（指曹操、曹丕和曹植）是我朝文坛有名的父子文人。曹操的诗歌大气悲凉，曹丕的文字婉约动人，曹植的文采世上无双，是他们开启并推动了建安文学的繁荣。

应广大读者的要求，本书肆现将他们的文字合编为一册，供大家珍藏。存货不多，先到先得，大家快来购买吧！

八方书肆

山阳公看病不收费

山阳（位于今河南省焦作市）的父老乡亲们，你们好！我是山阳公刘协。我和妻子曹节初来贵地，人生地不熟，还请大家多多关照。

我曾经在宫中学习过医术，颇有心得。如果大家信得过我，不妨来找我治病，不收任何费用。

山阳公　刘协

智者为王
ZHIZHE WEI WANG

智者无敌 王者为大 第4关

1. 关西叛乱为首的将领是哪两位？
2. "得陇望蜀"这个成语曾经出自汉朝哪位皇帝之口？
3. 曹操使用什么计策平定了关西？
4. 建安二十一年，曹操以怎样的形象见了南匈奴派来的使者？
5. 前期支持曹操、后期因反对曹操当皇帝在病中收空盒子的是谁？
6. 曹操是吸取哪两个人的教训，坚定了立曹丕为太子的决心？
7. 被曹操视为"鸡肋"的是哪个地方？
8. 关羽水淹七军的故事发生在哪里？
9. 被关羽杀死的庞德跟了曹操几年？
10. 关羽"败走麦城"中的"麦城"位于现在哪里？
11. 是谁要把曹操"放到火炉上烤"？
12. 汉献帝刘协退位之后，封号是什么？
13. "三曹"是指哪三曹？
14. 曹魏采用了什么新制度选拔官员？
15. "中正"是什么意思？

智者为王答案

第1关答案

1. 袁绍。
2. 太尉。
3. 二十岁。
4. 洛阳北部尉，相当于首都北京的区级公安分局局长。
5. 鸿都门学。
6. 张让。
7. 讨伐黄巾军的战争中。
8. 汉灵帝。
9. 负责监察各郡、各县的工作。
10. 典军校尉。
11. 袁绍。
12. 汉少帝刘辩。
13. 河南中牟。
14. 吕伯奢。
15. 卫兹。

第2关答案

1. 董卓。
2. 酸枣。
3. 陈宫和鲍信。
4. 荀彧。
5. 曹洪。
6. 为父报仇。
7. 边让。
8. 董昭。
9. 刘备。
10. 毛玠。
11. 贾诩。
12. 袁术。
13. 曹操与刘备。
14. 奴隶。
15. 曹操。

第❸关答案

1. 河南省中牟县东北。
2. 徐州。
3. 公元200年。
4. 关羽。
5. 乌巢。
6. 乌桓。
7. 公孙康。
8. 郭嘉。
9. 华佗，曹冲。
10. 铜雀台。
11. 孔融。
12. 江东小霸王。
13. 公元208年。
14. 黄盖。
15. 华容道。

第❹关答案

1. 马超和韩遂。
2. 光武帝刘秀。
3. 离间计。
4. 捉刀侍卫。
5. 荀彧。
6. 袁绍、刘表。
7. 汉中。
8. 樊城。
9. 四年。
10. 湖北省当阳市东南。
11. 孙权。
12. 山阳公。
13. 曹操、曹丕和曹植。
14. 九品中正制。
15. 公平的意思。

曹操生平大事年表

时间	年龄	大事记
公元155年	一岁	在沛国谯县出生,小名阿瞒。
公元174年	二十岁	出任洛阳北部尉,棒杀蹇硕的叔叔。
公元184年	三十岁	黄巾起义爆发,曹操讨伐有功,升任济南国国相。
公元189年	三十五岁	离开洛阳,在陈留起兵征讨董卓。
公元192年	三十八岁	收编"青州兵",出任兖州牧。
公元196年	四十二岁	迁献帝于许县,被封为司空、行车骑将军、武平侯。
公元200年	四十六岁	以弱胜强,在官渡大败袁绍。
公元207年	五十三岁	北征乌桓,基本统一北方。
公元208年	五十四岁	出任丞相,南征荆州,在赤壁之战中被孙权、刘备联军打败。
公元211年	五十七岁	大败马超、韩遂等叛军,平定关中。
公元213年	五十九岁	被封魏公,加九锡。
公元214年	六十岁	废黜伏皇后。
公元216年	六十二岁	加封魏王,赐崔琰死。南匈奴单于派使者来朝。
公元217年	六十三岁	立曹丕为魏太子。
公元220年	六十六岁	曹操病逝;曹丕随后称帝,追尊曹操为武皇帝。